松浦弥太郎

おとなのきほん

自分の殻を破る方法

ＰＨＰ研究所

おとなのまんなかの覚書 ―はじめにかえて

僕は今、五十一歳、五十代の新人です。

四十代を過ぎ、五十代というおとなの季節を生きているのですが、相変わらず新しい仕事や環境を求めて冒険を始めています。さらに、そこで出会った新しいものが複雑になれば、思い切って整理して、自分に立ち返ったりもしています。

つまりいまだに、基本を巡ってくるくると動いているのです。

新しいことはまだまだ、できる。

それでも失敗はするから、立ち戻れる場所も必要。

そんな僕のまんなかに、常に基本があります。

「きほん」とひらがなで書いてもいいくらいに、実に身近に。


決して若いわけではないけれど、老いるのはまだ先。

そんなおとなのまんなかを生きる時、自分のまんなかに基本があると、迷子にならずに冒険ができます。

この本は、そんなおとなのためにあります。

この本は、おとなの「きほん」。

僕自身とあなたにとっての、おとなのまんなかの覚書です。

二〇一七年夏　松浦弥太郎

本書は、「渋谷のラジオ」で放送された
「50歳のきほん」第一回から第十四回を元に、
著者による大幅な加筆、修正をしたものです。

「渋谷のラジオ」は、
渋谷に縁のある多様な話し手が集い、渋谷の街を繋ぎ、
魅力を発信する地域密着のコミュニティFMです。
https://shiburadi.com/

five おとなのお金。 信用と責任の考え方 75

six おとなのきほん。 毎日、毎日、整える 93

装丁　櫻井久、中川あゆみ（櫻井事務所）
装画　ほりはたまお
編集協力　青木由美子
協力　伊藤総研

おとなのきほん

prologue

「基本」はみな「新しい」

ときどき、こんなふうに言われます。

「松浦さんは基本が好きですね」と。

たしかに僕は基本が好きだし、基本が大切だと思っているし、基本に興味を持ち、暮らしたり、働いたり、それをテーマに発信したりしています。

でも、もうちょっと正確に言うと、僕が好きなのは「新しいもの」です。

子どもの頃から、新しいもの好き。

新しいものに引き寄せられながら、幼い子どもから少年になって、青年になって、おとなになった気がします。

そして、こんなふうに思うのです。基本っていつも新しいと。

それが料理であれ、服であれ、サービスであれ、コンピュータシステムであれ、基本はどれも新しいのです。

無駄なものがいっさいない、そぎ落とされた最小限のものだけで、すっと立っている。

それこそ、基本のありようです。

逆に言うと、アレンジや応用されたもの、あれこれいじくり回したものは、基本ではなく、新しくもありません。

それは、なぜだろうと考えて、思い当たりました。

基本とは、あたりまえでありながらも、未知なるものです。

だからこそ、ほうっておけば、わかりにくくなります。

そこで、いらないものをそぎ落とし、難しいつけたしは後回しにして、一見、味気ないようだけど、基本だけをぱっと差し出す。そうやってわかりやすくし、新しいものの良さを素直に、ありのままに、伝えているのではないだろうか……。

基本はいつも「まんなか」

基本こそが新しい。基本こそがシンプル。

そして、日々というのは、迷ったり、失敗したり、うまくいかないことの連続だから、やっぱり僕は基本が好きなのだと思います。

新しいものを求めてわくわくと旅に出かけ、新しい基本に出会うと、たまらなくうれしくなります。

そこで新しいことを始めてみるのですが、だんだん、いろんなものがくっついてきます。

たとえば知恵や工夫。たとえば経験や応用。たとえば仲間や愛着。

どれも悪いものではないし、宝物ではあるのですが、だんだん、シンプルな基本から遠ざかっていきます。そしてびっくりするくらい、自由がうばわれていきます。

すると、「あれ、なんだか違う？」と感じます。

わかりやすさが少しずつ失われていき、自分まで見失いそうになります。

気持ちよく海で泳いでいたのに、気づいたら沖に流されていたように、「いつもこうありたい」と考えていることから遠ざかって、ぽつんと迷子になった気がします。

そんなとき僕は、「ああ、基本に戻ろう」と思うのです。

自分のまんなかにある基本に立ち戻る。

自分の大事にしているシンプルに立ち戻る。

たくさんの経験、知恵、もしかしたら財産みたいなものも全部捨てて。

そうすると再び、「新しいもの」に出会える。

つまり、シンプルな基本に立ち戻れるのです。

one

おとなのアウトプット。

自分というコンテンツの発信

アウトプットとは、新しいものを作り出すことでしょうか。

アウトプットとは、特殊な人がする仕事のことでしょうか。

僕はそうは思いません。

アウトプットとは、「おとなのたしなみという名のコミュニケーション」という気がするのです。

自分が商品であったなら

僕は自分のことを、一つの商品だととらえることがよくあります。

五十歳になる松浦弥太郎という商品が、世の中にどのように必要とされているか。世の中に対して何ができるか。どんな貢献ができるのか。

これは会社に勤めている人も、家庭を守っている人も、同じことだと思います。

「自分という商品は、世の中にどのように必要とされているだろう？」

折に触れて、そう考えてみることも大事ではないでしょうか。

商品として考えた場合、おとなの多くは〝新しさの全盛期〟を過ぎています。

もしもみずみずしい赤いりんごのような商品であれば、〝新しさの全盛期〟を過ぎたら価値はありません。旬の間にわっと買われて、食べられて、消費されておしまいです。

しかしそれがりんご酒のような商品であれば、〝新しさの全盛期〟を過ぎても価値は失われません。

時を経て熟成され、おいしさを増すこともできる。

香りづけとして脇役に回り、おいしいお菓子を生み出すこともできる。

使い道は無限に広がるはずです。

自分という商品が、世の中に消費されないためには、どうしたらいいのか？　僕は五十代になってから、そればかり考えています。

飽きられ、必要とされないなんて、たまらなく悲しいから。

そして、飽きられず、必要とされ続ける方法は、必ずあると信じているから。

僕の場合は、だいぶ鈍感になってきたとは思いますが、まだまだ〝勝てるアンテナ〟があると思っています。

「なぜ、こういうことに気がつかないんだろう？」

「なぜ、もっと掘り下げないんだろう？」

そんな気づきや発見が自分の中にたくさんあり、それは世の中の誰も気がつかなかったり、誰も伝えていなかったりするものばかりです。

だから僕は、本やウェブメディアを通じて伝え続けています。いいえ、「伝えなければいけない」と思っています。それが僕の仕事。

なぜなら、それが自分という商品の特徴であるし、世の中のみんながきっと喜んでくれるだろうという自信があるからです。

必要とされているから、提供する。とてもシンプルで、当たり前のことだと感じています。

面白さに知識を加える

商品として自分を提供することは、「コミュニケーション」ということでもあります。

文章を書いたりコンテンツを作ることがなりわいなので、僕なりにアウトプットについて、いくつかの基本を作っています。

たとえば、僕が主宰しているウェブサイト「くらしのきほん」で紹介した炒り豆腐の記事のタイトルは、「おいしさとはやさしさ」です。

どきっとして、ひっかかる言葉。これは僕が、とことん面白がってアウトプットをした一つの例です。

編集者であり物書きである僕にとって、タイトルの付け方やリードの言葉遣いは、腕の見せどころ。「ここでがんばらないで、どこでがんばる?」と思っています。

もちろん、本文についても一生懸命書いているけれど、忙しいみんなが本文をじっくり読んでくれるとは限りません。

でも、面白がって面白いものを作れば、きっとタイトルとリードぐらいは「ちょっと読んでみようか」となるはずです。そこでさらに引き込めば、本文まで読んでくれる可能性も高まります。

だからこそ、自分の今持っている感性のすべてで全力投球をし、面白さにこだわり抜き、「おいしさとはやさしさ」というコミュニケーションをしているのです。

もちろん、インターネットには、いろんな入り口があります。なかでも「検索」という入り口は結構大きく、僕のようなメディアの仕事のみならず、商品を売っている人、サービスを売っている人、お店をやっている人、ありとあらゆる人が、「検索されよう」という意識でアウトプットを決めています。

面白さだけのアウトプットで、検索についての知識の部分が欠けていたら、おとなのコミュニケーションにはなりません。「おいしさとはやさしさ」という言葉を検索しようとする人は、おそらくいないでしょう。

そこで小さく「炒り豆腐はこんなふうに」という内容を表す言葉も添えてあります。わかりやすくて、検索されやすい言葉です。

面白さに知識を付け加える。これもおとなのコミュニケーションです。

ただし、これが逆になると、すべてが台無しになります。

検索されやすいキーワードというテクニックに走り、「おいしさとはやさしさ」をやめて「なつかしい炒り豆腐」というタイトルにしたら、一瞬、検索される数はパッと上がり、アクセス数も稼げるかもしれません。

しかしそんなことをしたら、「くらしのきほん」という世界はこわれてしまいます。世の中にあるいろんなメディアと同じになってしまうでしょう。

テクニックに背を向けて、自分たちの理想とする世界観や心地よさを、感情をこめて表現する。それこそ、僕が目指すアウトプットです。

特殊な仕事の話に聞こえるかもしれませんが、案外、いろいろなことに当てはまるのではないかという気もするのです。

自分のアウトプットは、自分の世界観にあっているものか?

誰でもときどき、自問してもいいのではないでしょうか。

何度でも疑う・考え抜く

「くらしのきほん」では、毎週月曜日の朝六時に新しいコンテンツをアップすることになっていますが、アップして五分後にタイトルを変えたことがあります。

「さわやかで、さくさく」

当初、このタイトルにしていたのは、りんごとセロリのサラダの記事。ニューヨークの老舗ホテル・ウォルドーフが考案した名物サラダを扱ったレシピでした。

僕は自分のアウトプットを、とことん疑うことにしています。

考えて、考えて、これがベストだと信じるものを表現して、それでもなお疑う。

「やっぱり違う。この言葉じゃない」

「この言い回しは不自然」

「この一言はいらない」

記事をアップしても、誰よりも厳しい眼差しで、僕はずっと疑い続けます。

たぶんそれは、作り手側だけが思うことで、読者は気がつかないような小さなことでしょう。でも、僕にとっては、たいそう大きなことです。

さらに、雑誌や本の場合、印刷が仕上がったら、いくら見直しても取り返しがつきません。直しようがないのです。

それなのに、疑って、新しい発見をするのは、多くの場合できあがって一回読み、しばらく寝かせた後だったりするのです。手も足も出ない残念な思いを、長いあいだ味わってきました。

ウェブならその点、すぐに変更が利きます。だからとことん疑いたいのです。

もちろん、「プロとしていったんアウトプットしたなら、潔くそれで終えるべき」と思う人もいると思います。しかし、次の号が出ると存在を消す雑誌と違って、ウェブというのは次の更新をした後もずっと残ります。残るものだからこそ、何度も疑い、考え抜いて、最高のものにしたい、その思いは消えません。

感情を表現する

コミュニケーションにおいて、僕がもう一つ大切にしているのは、感情をどう表現するかということです。

料理を「料理」というカテゴリーで見せる、手芸を「裁縫」というカテゴリーで見せるのはすごく一般的ですが、それが基本かと言えば違う気がするのです。

たとえば「うれしい」というカテゴリーにある料理は？

今日はなんだかさびしいと思った人が、スマートフォンを出して「さびしい」というカテゴリーを押した時、かじかんだ心を助けてくれるような料理や読み物が出てきたりしたら？

僕はそういうものが、「とてもいいな」と思うのです。

なぜならスマホというのは、退屈だったり、ちょっと現実逃避をしたかったり、なぜかイライラしたときにさわるものだから。

そしてアウトプットは、人の感情とつながりを持てば持つほど、人の役に立てるものになるのではないでしょうか。

僕らはコンテンツを見てもらうとき、ユーザーから時間をいただいています。

時間とお金というのはとても似ていて、人は何に時間とお金を使うのかを考えると、「自分を助けてくれるものに使う」という答えが浮かんできます。

だから、僕がコミュニケーションをするなら、人の感情を助けるものにしたい、そう感じているのです。

ローンチしてから一年間、僕はずっと「くらしのきほん」のプロトタイプ、つまり原型みたいなものを作っていました。面白がって、疑って、考え抜いて、いろんな実験をして、「くらしのきほんの基本」を作ろうと思ったのです。

どんなことでも、まずは基本を作らねばならず、それはものすごくピュアなものでなければいけません。

多少の大変さがあったとしても、純度が高いピュアなものを作っていけばいくほど、誰かの役に立つコミュニケーションになっていくと思っています。

おとなの言葉遣い

僕の仕事は言葉を扱うという、やや特殊なものですが、言葉とは誰もが使うものです。言ってみれば、日々しゃべることはすべてアウトプット。おとなならば、それにふさわしい言葉遣いを基本としたほうがすてきです。

若い人なら、流行語も乱暴な言葉もおかしくはないでしょう。でも、おとなになると、たった一言で残念な印象になってしまう言葉がいくつかあるということを、知っておいても損はないでしょう。

たとえば僕は、「ママチャリ」という言葉を使う人がいると悲しくなります。その人が装いも肩書きも完璧だったとしても、「あそこにママチャリが」と口にした途端にすべてが剝がれ落ちてしまう気がします。

嫌うとか軽蔑するというわけではないのですが、食事をしていて一口目に「うまっ」「うまい！」というおとなの女性も苦手です。正直に言うと男性であっても、できれば「おいしい」という言葉を使ってもらいたい。

さらに、いろいろな知識があるおとなだからこそ、小バカにしたような相槌、いかにも興味がなさそうな相槌は気をつけたいと感じます。

ていねいだけれど堅苦しくなく、自然。言葉遣いは心遣い。

汚い言葉は使わないし、言葉一つひとつに角がない。

そんな話し方は、おとなのアウトプットの基本だと思っていますし、自分もそうありたいと襟を正しています。

人を笑わせるのはおとなの教養

コンテンツを作る場合も、誰かと話をする場合も、五十歳を迎えてから、僕がひそかに心がけている取り組みがあります。

それは、人を笑わせるということ。

これができるかどうかは、おとなの力の見せどころです。

おとなの男性の冗談を、よく「親父ギャグ」とバカにする人がいますが、実はものすごく能力とセンスがいることです。

僕の尊敬するすてきなおとなの中にも、親父ギャグとは少し違いますが、いつも面白いことばかり言っている人、人を笑わせてくれる人がいます。

彼らは実はものすごく頭がいいし、くだけた話をしていても生活自体はものすごくきちっとしています。

おとなになっても常にきっちりかっちりで、人とのふれあいでも冗談一つ言えないようでは魅力半減です。五十歳になって「僕は真面目です」で押し通したり、「私、そんなことわかりません。ふざけないでください」という対応だと、人として面白くありません。

いつでも、どんな状況でも、人を笑わせることができる人は素晴らしいし、僕もそうなりたいと憧れています。

笑わせられるセンスを身につけること。

これはおとなの教養といってもいいでしょう。

教養というと、ちょっとハードルが高く感じるかもしれませんが、日々の生活や仕事の中でいろいろなことを見聞きし、好奇心を持ってよく観察し、世の中にあるすてきなこと、面白いこと、びっくりしたことをストックしていくのです。

誰かとお酒を飲みに行ったり食事に行ったりするとき、仕事の愚痴でもなく、溜め込んだ不満や怒りでもなく、まして自慢話をするのでもない。

「こんな話があってさ」と、おなかを抱えてゲラゲラ笑えるような話を次から次へとしていける。そんなおとなになれたら、最高です。

「お話」の貯金箱

「これを人と分かち合ったらうれしいな」という面白い話を、僕は貯金箱にコインを貯め込むみたいに貯めています。

たとえば、あちこち痛い患者の話。

ある病院に、体中どこを押しても痛い患者がやってきました。

「じゃあ、肩を押してみてください」と医者が言うと、患者は自分の肩を押して「痛たたた」。

「じゃあ、おなかを押してみてください」と医者が言うと、患者は自分のおなかをぐっと押して、「痛たたたた」。

「足を押してください」と言っても「頭を押してください」と言っても、どこもかしこも「痛い、痛い」です。

結局、医者は最後に言いました。

「あなた、指を骨折していますよ」

こんな話をいくつもいくつも、たとえくだらなくても、ちょっと笑えそうだと思ったら貯めておき、いっぺん話してみます。何度も話しているうちにアウトプットの精度が上がって、話はどんどん面白くなるものです。

仕事の中の「あれっ」ということも、面白い話として貯めておくことができます。

ある日、僕が見たのは「夢みたいな物体」。

それは一見、普通の封筒でした。切手が貼られ、僕の名前が書かれた封筒です。

ところがよく見ると、その宛名書きは夢のようなものでした。


「松浦弥太郎 want you」


英語で大きく、僕の名前の後に「want you」と、ていねいに書いてある。

想像すると、その手紙を書いた人は、手紙の書き方のルールとして「御中」という言葉があるということを誰かから聞いたのでしょう。ところが「御中」という言葉が浮かばず、「want you」だと思い込んでしまった。

そもそも「御中」は、個人名につけるものではなく、会社名などの後につけるのがルールですが、そんな次元はひらりと超越しています。

さらに英語で「want you」といえば、その意味は愛の告白に等しい……。

僕はおかしくて、面白くてたまらず、額に入れて飾りたいくらいでした。

こうした話も、大事に貯めておきます。

当然ながらお笑いのプロではないのですから、滑る話もあるでしょう。全部が全部、みんなにおなかを抱えて笑ってもらおうとするのは難しい。

でも、世の中に対する好奇心、観察力、洞察力をフル稼働させて、バカにすることなく人間観察をしたり、日々の出来事を面白く受け取って、宝物のように貯めていく行為自体が、なんともおとなっぽく、極上のサービス精神につながると思うのです。

こんなことを考えていると、おとなのアウトプットとは、とても味わい深くて、くすくす笑えるような楽しみに満ちたものだという気がして、僕はなんだかうれしくなります。

おとなの友だち。

新しくて知らない出会い

two

「毎日会いたい」と思える相手に出会えたら幸せです。

意表を突かれたり、面白い話で笑わせてもらったり。

うんと刺激を受けて、新しいアイデアが生まれたり。

そんな人と出会いたいし、自分がそんな人になるのが憧れです。

うきうきと水丸さん

率先して面白い話をしてくれて、楽しくて、楽しくて、たまらない。

イラストレーターの安西水丸さんは、僕にとってそんな人でした。

すごく親しくしていたわけではありませんが、時たま食事に行ったり、お会いしたりする機会が何度かあり、そのたびにまた会いたくなりました。

水丸さんが村上春樹さんとコンビを組んだ作品にはファンも多いでしょう。エッセイを書いたり、漫画を描いたり、多才な方でした。

大ベテランですから、若い人たちと食事をするとなったら、ただニコニコしてのんびり聞いていてもいい立場です。それなのに水丸さんは、いつだって自分が率先して、いちばんしゃべってくれるのでした。

決して自己満足のためでなく、まして自慢話でもない。ただ、「みんなを喜ばせてあげたい、もてなしてあげたい」という気持ちから、話してくださっているようでした。

だからでしょう。水丸さんを嫌いな人はいないのです。

それどころか、「水丸さんとお酒が飲める」となったら、みんなもう、うきうきとその日を待ちました。女性にもたいそうモテましたが、男性にだって断然、モテていたのです。

僕はお酒が飲めませんが、水丸さんと食事ができるというだけで、その日が待ち遠しかった。

亡くなられて「この次」が約束できなくなったのはせつないことですが、一緒に過ごした時の楽しさは、今でもはっきり思い出せます。

「また会いたい」という気持ちになる相手。それは面白くて楽しい人です。

る人です。

「もう一度会いたい」と別れてすぐ思う相手。それは自分の話をすごく大切に聞いてくれる人です。

おとなになったら、心して自分もそうなるように努めたいと僕は思います。

五十代にもなれば、どこか開き直りの部分も出てくるし、経験もそれなりにあるので〝自分のプレゼンテーション〟の方法は、人それぞれできていると思います。

しかし、「なんとなく自然にできあがったものでいいのだろうか？」という疑問も感じるのです。

自分をどう見せるか。自分を使ってどんなアウトプットをするのか。どうやって人を喜ばせるのか。そんなことをうまくやりくりできるおとなだからこそ、自分で自分をしっかりと正していく。

自分で決めたささやかなルールを持ち、しっかり守る。

身だしなみと同じように、気持ちよい言葉遣いを身につける。

そうすることで、「また会いたい人」に出会いやすくなるし、自分も「また会いたい人」になれる。そんな気がするのです。

小さな王国の小さな王様

「新しい友だちに出会いたい」

僕の中に、ふとそんな気持ちが湧いてきたのは、四十代の半ば。詳しく思い出してみると四十三歳になった頃でしょうか。

それは自分でも、かなり意外なことでした。

そもそも僕は昔からたいそう生意気で、少年の頃はまわりの友だちをちょっと小バカにしていました。

「僕のほうが自転車が速い」とか「僕のほうがいろいろ知っている」という、最初は子どもっぽい優越感。

それは恥ずかしいことに、ずいぶん長く続いたのです。

青年になってからも気があう人、価値観が似た人とばかり仲良くすることがほとんどでした。

もっとおとなになり、四十歳になった頃は、友だちと会うより、仕事が大事でした。家庭以外のすべてを犠牲にしてでも仕事を優先していました。

そのうえこわいもの知らずで、自信まんまん。

なぜなら、文筆家として本屋として自分が関わっているとても狭い世界の中では、自分の存在を認めてくれる人たちに囲まれていたからです。

それはとても狭いサークルでしたが、一生懸命やっていれば生計は立てられるし、何かをやるたびに認められて、自分もすっかり気持ちよくなってしまいました。

まるで「小さな王国の小さな王様」です。

ところが『暮しの手帖』に入ってみると、僕をほめたたえてくれる人など、誰もいない。それどころか、できないことだらけです。

雑誌の編集長という新しいチャレンジをすると、自分の実力がだんだんと目に見えてきました。二十四時間フルで働いて、たとえ強引にでも、できることや思いつくことを全部やってみたけれど、結果がさっぱり出ないのです。

「あれっ、なんで?」

愕然としました。今までは一生懸命にやれば、たいていいい結果が出ていました。ところが、いくらがんばっても空回りするだけです。

今の自分の基礎体力は、広い世界の中にあってどのぐらいか。

世の中のレベルとはどんなものか。

現実を知り、次第に自分がごまかせなくなった僕から、万能感はきれいさっぱり、消えていました。

自分が今までいかに狭い世界にいたことか。小さな世界でいっぱしに何かができているつもりでいたのが、恥ずかしくてたまらなくなりました。

世の中にはもっとすてきで、もっとすごい人たちがいる。

その人たちが成功しているとかいないとかに関係なく、「自分はかなわない」と思える人たちがいる。

そんな人と知り合いたい、仲良くしたい、友だちになりたいと思いました。

世の中の新しい違う形式をどんどん見て、若い日の自分だったら敬遠していたような人たちから、たくさん学びたい。そうしないと自分はここで終わってしまうと感じたのです。

その時、僕を閉じ込めていた小さな王国の城壁は崩れ落ちました。

おとなに必要なのは新しい友だち

自分にもしもまだ伸びしろがあるなら、新しい人とつきあったほうがいい。

まだ伸びしろがあると気づかせてくれる人、その伸びしろが伸びるように支えてくれる人は、新しい友だちです。

自分では、自分の伸びしろを伸ばすことはできません。

ずっと仲良くしてきた親友や仲間も、伸びしろを教えてくれません。長いつきあいの友だちというのは、過去においてはもしかしたら、伸びしろを教えてくれた人たちかもしれません。しかし、時間が経つとそうした関係性ではなくなるのです。

これからの可能性を引き出し、伸ばしてくれるのは、いつだって新しくて知らない人たち。

これまで縁がなかった人と友だちになることで、人は成長できるのではないでしょうか。

チャンスは他人が運んでくるもの、そう僕は感じています。

同じ仲間とだけずっとつきあっていたり、居心地の良い関係がルーティンになっているなら、一度見直したほうがいいでしょう。

「ジャンル」で人をわけない

四十代で小さな王国を出た僕は、広い世界で新しい友だちを作りました。

ところが五十歳になってふと気がつくと、やっぱり自分の中で心地よい友だちの数やつきあい方が、なんとなくできあがっているのです。

もちろん、突発的な出会いもあり、それは歓迎なのですが、心のどこかに「友だちは現状のままでいい」という気持ちが出てきてしまいます。

放っておくとまた小さな王国ができてしまうから、僕はそれをこわしたい。

いつも意識して新しい友だちを探したいし、新しい景色を見たい。

だから僕はいつも、新しい国の、新しい友だちを探しています。


新しい友だちと出会う秘訣は、面白い本を探すことに似ています。

「自分がいつも行くのは外国ミステリーのコーナー」といった外れないジャンルがあったとしたら、まったく違う「地図コーナー」に行ってみる。普段なら絶対に足を向けないジャンルの棚をとっくりと眺めるのです。

そうすると思わぬ出会いがあり、発見があり、その刺激で自分が変わったり成長したりします。

「友だちと本は違う。ジャンルなんて失礼だ」と思う人がいるかもしれませんが、人はみななんとなく、人をジャンルわけしています。

「私が友だちになりたいのはこういうファッションで、こういうライフスタイルで、こういう考えの人たち」

そんなジャンルが、あなたにもあるのではないでしょうか？

価値観、趣味、行動パターンが似た人と、つい仲良くしてはいないでしょうか？新しい出会いがあった時、「同じジャンルの人だったら友だちになりたいけど、別ジャンルの人は別につきあわなくていい」と、勝手にわけてはいないでしょうか？もしも当てはまるとしたら、それは実にもったいないことです。

僕はジャンルをなくそうとしていますが、クックパッドに入るまで、コンピュータテクノロジーの世界の人たちとは縁がありませんでした。

ところが同じ職場になり、突然、縁ができたのです。

十五歳も二十歳も年下のプログラマーたちと一緒に昼ごはんを食べたりおしゃべりをしたりすると、驚きとうれしさでわくわくしました。

「うわー、この人たちすてきだな」

「この人ともっとしゃべりたい」

かつての自分が作っていた無意識のジャンルわけ、〝友だち枠〟みたいなものが、本当にくだらないし、損だったと実感しました。

若い頃の僕から見たら、「あれっ、なんであいう人たちと仲良くしているの？」という感じの人たちこそ、僕がこれから新しく友だちになりたいし、仲良くしたい人たちです。

自分が普段行かないフィールドに入っていって、自分が普段しないような話をし、新しくてわからないことを聞いてびっくりし、喜びたい。

それがおとなの友だち作りの基本であり、楽しみです。新しい友だちと会っていると、自然と感謝の気持ちが湧いてきます。

いちばんの投資は人

ジャンルで人をわけないし、どんな人とも知り合いたいと思っていますが、「この人と会ってよかった、友だちになりたい」と感じる人には共通点があります。

みな、仕事が好きな人たちです。

どんな仕事でもいいのです。自分の仕事が好きな人というのは、僕の知り得ない知恵も賢さも技術も持っているし、その分野での人脈もあります。

そして意外なことに、仕事が好きな人の中には、ちょっと不器用な人もたくさんいます。暮らしの中のいろんなことをうまくこなせないぶん、仕事に集中する人も多いからでしょう。

でも僕はそういう人が好きだし、引かれるし、信用できる気がします。

だからといって、そういう人と「会おう」となっても、仕事について何か相談しようとか、何かのプロジェクトでアドバイスが欲しいとか、人脈を利用したいといった特定の目的はありません。

「ご飯を食べようよ」

「お茶でもしよう?」

こんな調子で気楽に会い、お互いに自分が知っていて相手が知らないことを教え合い、面白い話をして笑い合う。ただそれだけのこともよくあります。

仕事が自分から遠い人ほど話は盛り上がりますし、その人の後ろには友だちや知り合いや仕事仲間など、何十人という人がいます。つまり、一人と知り合うと、その人の後ろにいる何十人の人たちの話も聞けるということです。

知らない話を聞くのは楽しいばかりではなく刺激的なので、ときどき自分の中で、ぱちん、ぱちんと化学反応が起きます。そうするとやる気が出たり、合点がいったり、新しいアイデアが生まれたり、今までもやもやしていたことが「こういうことか！」と明らかになったりします。

自分について誰かに関心を持たれるのはうれしいことだから、相手も喜んでくれます。そして相手も自分に関心を持ってくれたら、自分もうれしくなります。

うれしい人同士が、お互いに知らない話を交換する。これほど好奇心がかきたてられ、心ときめくことはありません。

当然ですが、人とつきあうのはエネルギーがいることです。

僕ももともとは社交的なほうではないから、「人づきあいは疲れるからいいや」という人が多いのもわかります。

でも、「自分は今、何に時間とお金を使っているだろうか？」と考えることは、おとなにとって欠かせないことだと思うのです。

時間とお金とは、人生にとって大事なエネルギー。特に時間が有限であることは、おとなら誰でも痛感しています。

　そこでときどき〝エネルギーチェック〟をしてみることにしていますが、僕の場合、時間とお金は、新しい友だちと知り合い、つきあうことに費やしていたい。そのエネルギーバランスが、自分にとってはいちばん、幸せです。

　さらに自分という人間を、これからも世の中に役立てられるように成長させたいと思っているから、新しい友だちに時間とお金を使うことは、そのためのベストの投資だとも感じるのです。

three

おとなこそ必死で働く。

集中力の保ち方

いつお客さんが来るかわからない、二十四時間営業のお店。

それがウェブメディアという僕の仕事です。

気になるところがあればすぐに掃除。新製品ができたら、ただちに並べる。

「あの人、いつも店に立ってるけど、いつ寝てるのかな？」

不思議がられる店の主《あるじ》、それが僕です。

最速なのは、自分の手

「くらしのきほん」は手作りに近い、とても人間くさいメディアです。

「松浦弥太郎がメディアを作る」と言ったとき、選りすぐりのスタッフを集めて、高いところから指示をしているだけではつまらない。なんのために新しい挑戦をしているのか、わからなくなってしまいます。

第一、そんな作り方をしていたら、ユーザーとの人と人とのコミュニケーションが取れないと思うのです。

現場に出て自分が手を動かし、汗をかいて、毎日のようにプロトタイプを描く。料理も編集も執筆も一生懸命にやって、自分のギリギリのところからクリエイティブしていく。やって、やって、まだ足りないともっとやる。そうしないとユーザーは信用してくれません。

新しい挑戦であっても努力し、「誰も真似できないだろうな」というレベルまでやって、「ああ、ここまできた」と思ってもやって、「あれ、こんなことに気づいた」となればそれもまたやって、やり抜く。ここは自分のがんばりどころです。

それは大変なことかもしれない。

それはしんどいことかもしれない。

それでも、おとなこそ、必死で働く。これを基本とすれば、いつまでも初々しくいられると信じています。

『暮しの手帖』に限ったことではありませんが、雑誌というのはその性質上、生み出すには、ある程度の時間がかかります。

「カメラマンに撮影をお願いし、コンセプトの打ち合わせをし、日程を調整して撮影し……」とやっていると、一つのコンテンツを作るのにひと月近く。

相手がデザイナーであっても、お願いしてからデザインがあがってくるまで待ち時間が生じますし、自分たちの作業にも日数がかかります。

さらに印刷には必ず二週間は必要で、自分たちの手を離れてからの待ち時間も長いのです。

つまり「これを作りたい」という最初の衝動が湧き起こった時から、それがいつもの雑誌という形になるまで、最短でも二か月はかかるということです。普通ならもっとかかります。

意外だと言われますが、僕は生来、せっかちな性分なのです。

待っている時間は苦痛だし、その間に次のアイデアが生まれてしまうので、ようやくできあがった頃には自分が生み出したものなのに、「とうの昔に過ぎたこと」になっていたりします。

その点、インターネットのスピード感は、せっかちな僕に合っているようです。

今日書いたものが今日アップもできるし、今、気がついたことを今日改善するのは難しくても、明日にはできる。何か大きな仕組みを変えるとしても、何か月もかかることはそうそうありません。

「とにかくスピード重視！」というわけではありませんが、形になるのが速いということは、検証も速くできるということです。

つまり「ああ、こうすべきだった」と反省をしたらすぐさま、次の作業に生かすことができるのです。それはとても手応えがあるし、やりやすい。

こんなやり方で仕事をしていると、自分の能力が向上するスピードも、速くなる気がします。

ほとんどの仕事が、自分でまかなえるというのも、ウェブメディアの特徴だと思います。

たとえば朝早く頭が新鮮なところで原稿を書いて、午前中に料理をして撮影し、ついでに動画も一緒に撮っておいて、午後の一時間ぐらいで編集をして、夕方にはアップする。プログラミングまではなかなか難しくて完全にはできないのですが、あとは自分一人でも、相当のことができてしまいます。

さらに内側のことまで書いてしまうと、「くらしのきほん」の必要経費はとても低いのです。

たとえば一か月ぶんのコンテンツを作るのに必要な野菜や肉を買っても、せいぜい月に二～三万円です。僕やスタッフの人件費を考えたら一概に安いとは言えませんが、少人数ですから、雑誌と比べてもびっくりするほどの低予算だと思います。

予算をかけず、時間をかけず、自分の力と努力とアイデアだけで、非常に高いクオリティのものを生み出せる。その工夫が楽しいし、パフォーマンスが高くなるのもうれしい。予算や人手に頼らない、純粋な「松浦弥太郎のクオリティ」をみんなに知ってもらいたい、みんなに信用をしてもらいたいと思えば、必死で働くのは当たり前のことなのです。

毎日、新しいことを開発し、それを毎日検証する。ウェブメディアはすべてがとても具体的で、たとえば何人がページを見に来たかは「一日およそ五〇〇人」ではなく「〇月〇日〇時〇分の時点で訪問者数五二一人と、一桁まで出てきます。

分析しようと思えば、もっといくらでも分析できるし、そのコンテンツが良いものか、ユーザーに喜ばれているか、はてしなく検証できます。

数値的な検証と、技術的な検証と、自分がユーザーの感覚でする感覚的な検証。これを繰り返して、毎日改善を続けます。

比喩的に言えば、家を建てているけれど、毎日どこか直したり、新しい部分を増やしたりしていて、そこに毎日人が訪ねて来る感じです。

毎日がライブ演奏に近いかな。

僕は自分で朝昼晩とコメントを書いています。朝に向けたコンテンツ、夜に向けたコンテンツも作りました。

「くらしのきほん」を始めて一年間たち、ようやく気がついたのは、一日も休んでいないということ。二十四時間三百六十五日オープンのお店で、必死に働いてきたな、ということでした。

五十代は三十代の一・五倍働く

大いに楽しみながらフル稼働しているものの、おとなは体力的には落ちていくのも事実です。たとえば五十代になった僕はいろいろな意味でポテンシャルは落ちており、集中力、体力、気力みたいなものは、〝生涯のマイベスト〟と比較してみると下がっています。

なかでもいちばん落ちているのは集中力。

原稿を書くにしても何かものを考えるにしても、今の僕が集中して続けられるのは三時間ぐらいまでです。

自分のやっていることについて、正しい答えを見つけるというのは、仕事において大切なことです。「これで仕上げればいいんだな」というポイントを見極めるということでしょう。

ところが考え始めて三時間を超えると、集中力が切れてしまう。いくらがんばっても思考が堂々巡りになってきて、目の前のものがいいのか悪いのかわからなくなってしまいます。

それどころか、「あれっ、何をやっていたんだろう?」と、ぼんやりしてしまうことすらあるのです。

三十代のピークの頃は、この現象が起きるのは仕事をして六時間後。つまり今の倍は集中できていたということですから、確実に集中力は落ちています。

だからこそ五十代になったら、三十代の人たちの一・五倍ぐらい働かないと、自分がしたい仕事はできません。せっかく手に入れたメディアのスピードに、ついていけなくなります。

やっぱりおとなこそ、若い頃よりも必死で働かなければならないのです。

集中力の保ち方

おとなになったら、どんどん集中力はなくなっていく。

これは事実なのですが、ただじっと衰えていくままにしておいたり、あきらめたりする必要はありません。

基本的なことを二つ押さえておけば、上手に集中力を維持できますし、ひたすらに働くこともできるのです。


集中力を保つ基本の一つ目は、気分転換。

といっても、リフレッシュのために休むのではありません。三時間たち、そろそろだめかもしれないと思ったとき、まったく別の仕事をすることです。

一つのことに集中するのは、ひたすら地面の穴を掘る作業に似ています。あるところまで掘っていくと、もうこれ以上はどうしても掘れないという状態になります。それが集中力がもたなくなったタイミングです。

そうしたら、別の所に手をつっこんで、違う穴を掘り始める。つまり、違う仕事をするのです。そうするとリセットされて、また集中力が出てきます。

僕の場合は、ウェブメディアの仕事をやっていて、集中力が切れてしまったら、気分転換で、経営に関すること、エッセイの執筆や雑誌連載のチェックなど、まったく違う種類の仕事をすることにしています。

もっとも、この方法で一〇〇パーセント集中力がキープできるわけではありません。人間だから感情もあるし、その日の気分というものもあります。

「今日はこれで無理かな、できないかな」と思ってしまう時もあるし、「いや、もう少しがんばろう」と思う時もある。そのバランスを取っていくのも、おとなの働き方だと思います。

集中力を保つ基本の二つ目は、自分の仕事に対する飽くなき好奇心です。

僕は自分で作った「くらしのきほん」というサイトに、大変な好奇心を抱いています。自分自身がおばあちゃんになってみたり、高校生になってみたり、僕と同い年ぐらいの男の人の気分になってみたりして、いろいろな使い方をしてみます。するとさまざまな気づきがあります。

「あっ、ここはこうしたほうがいいな」

「この文章がわかりにくいな」

「このページに飛ぶのが、なんだか遅いな」

気づきがあれば、「さてさて、どうしよう」という課題が生まれます。課題に対して工夫していると、「もっとできる」「こんなこともやれる」と新たな発見があり、好奇心に導かれてあらゆることがひらめきます。すると自然に集中力も元に戻っているわけです。

ユーザーは、「くらしのきほん」だけを見ているわけでもなく、世の中全体のメディアは進化しています。進化につれてユーザーの感覚も、どんどん変わっているわけです。

「一週間前にびっくりしたことに、今日はもうびっくりしない」

その変化を感じ取りながら、今日の最高を作る。「これで完成」ではなく、いい意味での新たなびっくりを与えるような工夫を毎日考える。この繰り返しにも好奇心は不可欠です。

考えてみると、集中力と好奇心はペアを組んだテニスの選手みたいにお互いを補完し合って、必死で働けるように、僕を動かしてくれているのかもしれません。

言うまでもありませんが、楽しくて面白いから、必死で働けるし、初々しくいられるのです。新しさもなく好奇心が動かない仕事に向かって自分をがむしゃらに走らせては、すてきなことはありません。

おとなであれば、そこの見極めも大切です。

four

おとなの文章術。

気持ちを伝えるツール

自分の持っている秘密を、一つ明らかにする。

それが文章の面白さです。

秘密というのは、自分だけが知っているちょっといいこと。

自分だけの秘密を、一つひとつ文章にして、みんなと分かち合う。

そんなおとなの文章術を身に付けたいと思いませんか?

文章はコミュニケーションのツール

最初に好きになった文章は、高村光太郎の詩。

小学校五年生のときに出会いました。

実を言うと僕は、それまで文章を読むのが苦手でした。

詩というのは、難しい印象がありますが、高村光太郎の詩は、ものすごくわかりやすかった。それは、何十ページぶんもの文章が、たった五行に凝縮されているような感じ。

高村光太郎は、子どもでもわかる言葉を使って詩を書いている人でした。彼の詩に出会って、はじめて僕は人の書いた文章とコミュニケーションがとれるんだということを知りました。それは、目の前で水風船がぱんと割れたような感覚とでも言うのでしょうか。はっとした瞬間のことを、忘れることはできません。

五十歳を過ぎた今も、僕は高村光太郎詩集を手元に置いて読み続けています。なぜかというと、お手本、憧れ、いつかこういう文章を書きたいと思っているからです。

文章を通じて、人とコミュニケーションがとれる。それは大きな発見でした。文章だったら、身近な人にも、出会ったことのない人にも、自分の考えや気持ちを伝えられる。これは僕のような、文章を書くことを職業にしているものだけの特権ではありません。プライベートでも、仕事でも、文章を使う機会は誰にでもあると思います。

そこでこの章では、ちょっとおこがましいですが、僕の方法をお教えします。名だたる作家や学者の方が、文章術や文章作法の本を書かれています。僕にはそんな難しいことは書けそうもありませんから、いつの間にか文章を書くことをなりわいとすることになった僕が、そのなりわいのうちに身に付けてきた方法や気づきをお知らせします。

そう、これも僕だけの秘密の公開といっていいでしょう。

言葉に感電したい・させたい

高村光太郎の詩の中に、「最低にして最高の道」という言葉があります。僕は、この言葉に触れて、文字通りビリビリと感電してしまったのです。「最低にして最高」という価値観があるのか、そうか、それこそは僕の目指す道なんだろうと、幼い心のままに感じ取ることができました。おそらくそれは、僕が言葉に敏感になったはじめての出来事だったと思います。

古書店の仕事をしていますし、文章を書くことを仕事にしていますので、多くの人から、「小さな頃から本が好きだったのでしょうね」と言われますが、そんなことはありません。実は、十代で読んだ本はそんなにないのです。ただ、高村光太郎の詩は、何度も何度もくり返し読んでいました。

高村光太郎の次に出会ったのは、ヘンリー・ミラーでした。十六歳、十七歳の頃、人生の中で何をすればいいのかを見つけられずにいた僕は、おとなに憧れていました。だから、僕はいつもおとなの人と一緒にいたかったのです。おとなと言っても、自分より、四歳とか五歳年上の人たち。その中の一人が、「ヘンリー・ミラーの『北回帰線』がすごくいいよ」と教えてくれたのです。その言葉に影響されて、読んでみました。

『北回帰線』は、ミラーの処女作にして、自伝的小説です。そこには、ニューヨークの大学からドロップアウトしてパリを放浪する若者の姿が描かれています。その姿に僕は、最低にして最高のものがここにある！　と再び感電してしまったのです。

この、二度目の感電は、僕にとって大きな転機となりました。高校で自分をもてあまし、いっぱしに人生に迷っていた僕は、自分も、高校をドロップアウトしてアメリカにわたるという、大冒険に乗りだしてしまったのですから……。

文章というものは、人の人生を変えることができるほどの、すごいツールであることを、ある意味僕は、身をもって知っているわけです。

だからその後、言葉に感電したいと本や雑誌などさまざまな文章に触れてきましたし、できれば自分がそうであったように、言葉に感電させたいと、そう願いながら文章を書き続けているのだと思います。

面白い話を書いてみる

アメリカの書店文化に触れた僕は、自分が見ていいなと感じたオールドマガジンを日本に持って帰ってきては、クリエイターの方たちに紹介して、買ってもらい、売れたお金を資金の一部にして、また、アメリカに行くという生活を続けていました。

けれど、いくらセンスのいいオールドマガジンを持ってくる若者がいるといっても、それだけでは、名だたるクリエイターの方たちに、実際に会ってもらうのは難しかったでしょう。だから僕は、オールドマガジンを持って行く時には、アメリカであった面白い話を、お土産代わりに用意して行くことにしていました。実際に面白い話をするのが好きだったということもありますが、忙しくて、なかなか渡米の時間がとれない彼らは、アメリカの今が新鮮に伝わると僕の話を喜んでくれました。

二十代の終わりに、落ち着いて日本で仕事をしようとアメリカから帰ってきた頃に、ある編集者の方から、「松浦さんの旅の話はとても面白いので、書いてみてください」と言われました。鎌倉に今もある、カフェ・ヴィヴモン・ディモンシュが出していたフリーペーパーにエッセイを書いたのがはじめでした。

その後、ANAグループの機内誌「翼の王国」の編集者の方が、そのエッセイを見いだしてくださり、旅の思い出を連載することになりました。連載は、二年くらい続きました。次に、マガジンハウスの「クリーク」という雑誌がリニューアルして「GINZA」になる時に、「ブックブレスユー」というビジュアルブックのブックレビューの連載を依頼され、文章を書くことが仕事になるという今に至っているのです。「ブックブレスユー」の連載からは、ブックハンティングやリトルプレスという言葉が生まれたり、自分でも古書店をやってみようという人が出てくるなど、少しずつ、僕と読者との文章を通じてのコミュニケーションが成立していることを感じられるようになってきました。

好きなものを学びとして身に付ける

そんなふうに、本当に門外漢から文章を書くことが仕事の一つになった僕です。オールドマガジンをさがしたり、文章を書くうちに、自分の未熟さや稚拙さに気づきました。それで、遅ればせながら本を読むことを始めたのです。

おとなになってからの読書でしたから、もちろん好きなことではありましたが、それこそガツガツと学びとして身に付けようと、読みました。コラムもエッセイもファンタジーも小説も、名作と言われるもの、善いと言われるものを片っ端から読みふけりました。

そして、その中から好きなものを見つけるように意識していました。好きなものが見つかったら、学びとして身に付ける。好きなテイストを自分の世界にできるように努力しました。ジャック・ケルアックの『路上』、ヘミングウェイの『日はまた昇る』『老人と海』などの数々の作品は特に好きでした。

英米文学の特徴は、その具体性の深さ、ディテールの濃《こま》やかさではないかと僕は感じていますが、特に好きなその世界に近づけるよう、日々研鑽《けんさん》しています。

ようやく自分の文体が見つかったのは、著書の『くちぶえサンドイッチ』（集英社文庫）、『くちぶえカタログ』（静山社文庫）の頃ではないでしょうか。

書くためには準備が必要

書くためには準備が必要ですが、僕にはほぼ毎日締め切りがあります。毎日書くから、身の回りのこと、目の前のこと、感じたことをほぼ全部書いていると言っても過言ではありません。

器用ではないので、「何を書くにしても、エッセイです」とお許しをいただいて書いています。一〇〇シリーズなど、ビジネス書寄りの自己啓発的なものは、プレゼンテーションをするように書いています。

よく、「一〇〇のヒントを出すのは至難の業《わざ》ではありませんか」と聞かれるのですが、僕にとっては、苦行でも大変でもないのです。なぜなら、いろいろな仕事をさせていただいていますので、その仕事を遂行するために普段から一〇〇どころではないぼうだいな量を考えなければならないのです。そのうちの、いちばんいいものを読者にお知らせしたいと思って一〇〇分の一にしぼりこむ。ただそれだけのことなので、そんなに難しいことだとは思っていません。あえて使わないアイデアもいっぱいあります。

でも最近は、ふと三十分くらい時間ができたら書く、それこそ、朝ご飯を食べながら思いついて書いていたりするので、家族には評判が悪い。それがすこし大変なことですかね。

僕自身は、題材が見つからないとか、思いつかないということはまったくないし、あえて使っていないアイデアもたくさんあります。でも、体調の悪い時には、書けません。なので、体調をいつでも万全に整えておくことも、書くための準備の一つだと言えるでしょう。

書き出しと書き終わり

文章には、書き出しと書き終わりがあります。プロのテクニックと言ってはなんですが、書き出しは、書き手の腕の見せ所です。たくさんの情報の中から、自分の文章に振り向いてもらえるように書くように心がけています。

僕が主宰している「くらしのきほん」でもおなじ。最初に読者の目に入る書き出しや、見出しは、何度も考え、推敲しては書き直し、伝えたいことに興味を持ってもらえるように心を砕きます。

これは、皆さんがお書きになるであろう、手紙やSNSの文章や企画書でもおなじではないでしょうか。まずは、目をとめてもらえるように、手にとってもらえるように、工夫しましょう。あとは好きに、自分の思ったとおりに、書いていけばいいのです。

大事なことは、自分の大切にしている秘密を一つでも明らかにすること。それが、文章の面白さです。僕の文章はいつでも、僕にとっての秘密を一つひとつ文章化して、みんなと分かち合うものです。

さて、書き出しは注意深くちゃんと考える僕ですが、書き終わりはほとんど考えないタイプです。あえて、まとめに入らない。「あれ？　これで終わりなの？」という感じにしています。「どうして？」という声が聞こえてきそうですね。では、こっそりと秘密を公開しましょう。それは、またいつか僕が書く文章を読んで欲しいからです。「また、読みたいなと」と思っていただく、余韻を残して文章を終わりにしているのです。

five

おとなのお金。

信用と責任の考え方

「なんでそんなにきちんと生活して、がんばって働けるんですか？」

そう聞かれて「貧乏に戻りたくないからだよ」と答えました。

相手はびっくりしたし、何より自分が自分にびっくりしました。

お金の貧乏、心の貧乏、友だちの貧乏。そのこわさを僕は知っています。

おとなの〝こわい宝物〟

「自分の夢とは違うし、やりたくない仕事だけれど、生きていくためには仕方ない」

そんな思いで働いている若い人が多いそうです。僕も年下の友人から、こんな質問を受けたことがあります。

「お金のために気が進まない仕事をするとき、どうやってやる気を出したらいいでしょうか？」

若い頃を振り返ると、僕はそんなことを考えたこともありません。

なぜなら、幸いにも運と才能に恵まれていて、気が進む仕事だけをやってきたから。

なぜなら、昔から裕福で、お金に困った経験がないから。

……もちろん、そんな理由ではありません。

僕は生きるのに必死だったし、気が進もうと進まなかろうと、働かなければ食べていけなかった。家族を養えなかった。だから、「やる気を出そう」なんて考えている余裕すらありませんでした。

今は若い頃よりはゆとりがありますが、それでも「貧乏に戻りたくない」という気持ちは僕の奥底に強くしみついています。その恐怖心があるから、懸命に、必死に、楽しく働けているのだと思っています。


貧乏といっても、お金だけではありません。

お金がなく、知り合いもなく、心が荒《すさ》んでいく孤独な時期。

言葉にはできないほど、自分にとってのマイナスの時期が若い頃にありました。

「今日もし怠けたら、明日の朝目がさめたとき、あの頃に戻っているかもしれない」という恐怖心は今でもあるし、これからも決して消えないでしょう。

トラウマとか、コンプレックスといったものではありません。

その恐ろしいどん底は、僕の宝物。「あの頃に戻りたくない」というモチベーションとなって、今の自分につながっているエンジンみたいなものでもあります。

おとなら、そんな〝こわい宝物〟を持っていてもいいし、むしろ大事にしたほうがいい。そんなふうにとらえています。

四万五〇〇〇円の思い出

僕がとても若かった、ある年のお正月のこと。財布を見たら八〇〇円しかありませんでした。

新しい年を迎えて、みんなが買い物をしたりごちそうを食べたりしている時に、僕の全財産は八〇〇円。

「このお金をどう使おうか。そもそも、なんで僕にはこれしかないんだろう」

そうやって、しばらく財布の中のコインを眺めていました。

今だから言える笑い話は、このほかにもたくさんあります。

三十歳の僕はアメリカから帰ってきたばかりで、時間とアイデアと思いはたっぷりあったけれど、お金だけはありませんでした。

結婚し、二人暮らしを始めたのは家賃四万五〇〇〇円のアパート。そこに住んでいる間に、家賃が払えないことが二度ほどありました。

僕らの部屋は二階で、大家さんは一階。家賃を払う約束の月末、夫婦で大家さんの家に行って、玄関で手をついてお願いしました。

「すみません。今月の家賃が払えないので、待っていただけませんか」

一か月、四万五〇〇〇円。当時としても決して高くないが払えなかった若い夫婦。僕の奥さんはまだ二十五歳でした。

インターネットがなかったあの頃、アメリカに行っていた僕は人よりたくさん情報を持っていたし、アイデアにあふれていたし、ものすごい夢があったし、野心もいっぱいあった。それなのに家賃すら払えない自分が本当にくやしくて、そんな夜は布団の中で泣いていました。

「情けないな。アメリカから帰ってきていろいろ偉そうに言っているけれど、なんてざまだ」

今となっては本当に笑い話で、たまに夫婦でなつかしがって話しますが、かつて自分がそういう人間であったのは事実です。

「今に見ていろ」と歯をくいしばりながら、その頃の僕は、アメリカで買ってきたヴィジュアルブックを日本のクリエイターやデザイナーに売り歩く仕事を始めていました。

当時、洋書は今より手に入りにくかったし、海外の情報が入ってくるスピードも今よりはるかに遅いものでした。

そんな中、いち早くアメリカの情報を知っていた僕は、「この人にはこの本」と思い定めて会ったこともないクリエイターに手紙を書き、なんとかアポイントメントを取り付け、本のセールスをそっちのけでいろんな話をしたのです。

僕を面白がってくれる人たちが「じゃあ、デザイナーのあの人を紹介するよ」と言ってくれて、ようやくチャンスが広がり始めていました。

のちに「そんなに話が面白いんだから、原稿を書いてみれば」と声をかけてくれたのも、この頃に出会った人からのつながりでした。

でもそれは、まだほんの入り口。

本を売り歩く仕事がお金になるかならないかと言えばさっぱりで、安いアパートの家賃すら払えないような暮らしをしていたのです。

「お願いだから会社勤めしてください」こういう生活は大変だから、確実に給料がもらえる仕事をしてください。

奥さんには、こう言われました。

僕は「あと一年だけ、自分のやり方でやらせてください」と頼み込み、週に三日は本を売り歩く仕事、残りの四日はアルバイトで肉体労働をしました。クリエイターのオフィスからデザイナーのオフィスへと出かける仕事と、汗だくの建築現場、二つの仕事をかけもちしていたのです。

週休二日どころか一日も休んでいないのですが、家賃すら払えない人間が休むなんて、とんでもないと思っていました。そんな三十代でした。

この先、もしも豊かな暮らしができたとしても、僕は決してあの頃の生活やあの頃の自分を忘れないでしょう。
くやし涙と歯をくいしばる日々は、ある種の自分の根っこなのです。

「お金が好き」と言おう

「くらしのきほん」で、「貯金は、いくらをどうやって」という記事をシリーズでアップしたところ、たくさんの反響がありました。

さらに日本には、「お金はきたない」とか、「お金の話をしてはいけません」という暗黙の了解があります。

だからみんな、お金についてまったく学ばないまま成長して、知らない間に働いてお金をもらうようになります。

おとなになって、自分でお金を自由に使えるようになってからも、お金とのつきあい方がよくわからない人が多いのでしょう。

お金のことを誰も教えてくれないなら、独学でこつこつ学ぶしかありません。おとなとして生きる以上、お金は大切な基本だというのが僕の考え方です。お金はいやしいものでもないし、お金の話をするのは下品なことでもない。お金というのは暮らしにも仕事にも大切な、なくてはならない友だちです。きちんと考えて、つきあっていくようにしています。

フリーランスとして働きはじめた頃の僕は、極端な言い方をすれば〝その日暮らし〟でした。いつもお金が足りないので、いやがおうにも、早いうちからお金と向き合わざるを得ませんでした。

その頃に決めて、今でも守っているお金とのつきあい方が、いくつかあります。まずは、「お金を好きだ」と思うこと。はっきりそう口にすること。それだけお金を大切に考えるということです。

そしてもう一つは、矛盾しているようですが、「お金を追いかけない」ということ。いくらお金がなくても、お金のために自分の人生の時間を使いたくない。「お金をもうけたいから今、こういう行動をしている」と考え続ける人生は嫌だし、お金を稼ぐことを行動の目的にしたくない。
本当にお金がなくて、肉体労働までしていたからこそ、そう決めました。

自分を会社として運営する

そののち僕は移動書店を始め、COW BOOKSという古書店を経営しながら、エッセイストとしての活動を始めます。フリーランスというのは変わりませんが、三十代の後半になると、自分の働き方の基本ができあがっていきました。四十代になるとここに『暮しの手帖』が加わり、五十歳になるとクックパッドで「くらしのきほん」を始めましたが、基本の部分は変わっていません。

フリーランス、個人事業者、経営者、会社員や公務員。

どんな働き方でも共通していますが、普通に働いていて、普通に生活をしていてもお金がないというのは、病気と同じです。おそらくお金の使い方を間違えているのだと思います。

お金というのは、収入があって支出があります。

入ってくるお金に対して、使うお金ばかりが多いというようにバランスが崩れていたら、いくら働いて高収入になっても、お金に困り続けることでしょう。

僕の場合、働き方の基本ができてからすぐ、毎月自分に入ってくるお金に対して、自分が生活をする額を決めました。さらに、多少苦しくてもほんの少しずつでも、毎月必ず貯金をするようにしました。

今でもそれは変わらず、ただし、自分自身を一つの会社とみなして考えています。

つまり、一年のタームで「二〇＊＊年度、株式会社松浦弥太郎の予算」というのを立てるのです。

一年の収入の見込みから、一か月あたりいくらぐらいのお金が予算となるかを割り算します。単純に、予定年収を十二か月で割り算すればいいのです。

その額から、「使うお金、貯金するお金、投資や運用するお金」を決める。ごくシンプルなやり方です。

会社だからランニングコストも必要だし、投資もしなければならないし、留保したほうがいいお金もある。また、どこで誰に見られても恥ずかしくない財務状況にしておくというのが理想です。

毎年、年のはじめにそれをやり、一年が終わるときに見直すようにしています。

若い人たちから、「貯金以前に、まずお金を稼ぎたい」という話も聞くのですが、それは簡単なことです。

頼まれた以上の仕事をする。それがお金をたくさん稼ぐ一番の方法です。

仕事をいただいたら、それ以下のパフォーマンスは論外です。一〇〇パーセント応えるのを目標とするのではなく、実際に一八〇パーセントにして応える。自分のクライアント、仕事相手、会社に先に得をさせ、一回たりともがっかりさせない。

相手は「こんな安い金額で頼んだのに、こんないいものができたとは！」と驚き、得をしたと喜びます。「いいもの」は相手を喜ばせるばかりでなく、自分の実績にもなります。

「この人に頼めば間違いない。それどころか、予想を超えたいいものがかえってくる」と信用してもらえると、次の仕事がもらえたり、チャンスが巡ってきたりするでしょう。

この繰り返しで自分の信用が上がり、もっと大きな仕事を任せてもらえるようになります。するとますます信用が上がり、それにお金もついてきます。

僕のようなものを書いたり、コンテンツを作ったりする仕事だけではありません。接客でも金融業でも看護師さんでも、「相手が期待している以上の仕事をする」というのが、お金をたくさん稼ぐ基本なのです。

貯金は日々こつこつと

貯金があると心に余裕ができるし、お金について考えるきっかけになります。

若い人たちによく言うのが、「一〇〇万円貯めよう」というと結構な額ですが、絶対に無理という額でもないということ。普通に働いていたら、現実的に貯められる額だと思います。

そこでまず、一〇〇万円貯めてみる。すると自然にお金について学ぶ姿勢ができます。それこそ、〝お金との友だちづきあい〟が始まる、スタートラインに立ったということとなのです。

おとなであれば、一〇〇万円よりもっと貯金がある人もいるでしょう。口座に一〇〇〇万円ある人も、一億円ある人もいるでしょう。でも、こつこつ貯めるという点では、一〇〇万円も一〇〇〇万円も変わりません。

貯金というのは、毎日マラソンをするのと同じような感覚です。はた目からは「毎日こんなに走って大変ですね」というように見えても、当人にとっては習慣だからなんともない。そんな感じだと思います。


お金を貯めるとなると、いちばん身近にあるのは銀行ですが、銀行というのはお金を預かってくれるところではなく、金融商品を売っているところです。みんな、その点を勘違いしているのではないでしょうか。

基礎知識が足りなくて、いらない商品を買うことがないように勉強するのも、おとなには必要なことです。お金について自分で積極的に学ばない限り、ずっと誰かの意見に振り回されることになるでしょう。

さらに付け加えると、お金の勉強の一環として、株の運用というのも今の時代には欠かせないことだと僕は考えています。銀行にお金を預けていても利息がつかないのですから、せっかくのお金を増やすよう、知識を蓄えたり、知恵を絞ったり、ちょっと試してみたりするのは当たり前です。

デイトレーダーみたいに毎日株価を見ながら売り買いをするのは、どちらかというとギャンブルに近い。そんなのはやめておこうと思いますが、普通の運用として考えたら、株をやらない理由がわからないくらいです。株はおとなのための、お金の仕組みの勉強だと考えています。

使い方がなにより大切

世の中に対して自分を役立てたり、困っている人を助けたりすることが仕事ですが、「ちゃんと役立っているか」「どのくらい助けられているか」の成績表がお金です。お金とは、自分がどれだけ世の中に信用されているかをはかる、バロメーターでもあるのです。

若い起業家から、「ベンチャーキャピタルから三億円出資してもらいました！」というたぐいの話を聞くと、僕は「大変なのはそこからだよ」と感じます。

お金というのは、集めるよりも使うほうが大変なのです。

自分で働いたお金でも、出資してもらったお金でも、お金が集まってきたということは、自分がそれだけたくさんの責任を負うようになったということ。

したがって、たくさんお金がある人は、それだけ世の中に信用されているということです。たとえ個人的なお金であっても、たくさんあるお金をどうやって使うか、その使い道には社会的な責任があります。

お金とは、信用と責任がいつもセットになって意味付けされているのではないでしょうか。

たくさんお金をいただくということは、大きな責任を伴う大変なことで、お金をもらえばもらうほど覚悟がいるし、楽はできない気がします。

お金の使い方についても、僕は基本を守っています。

それは、お金を友だちと見なし、お金が喜ぶような使い方をするということ。

「えっ、僕をそんなことのために使うの？」と、〝お金さん〟という友だちががっかりしたりすることには、お金を使わない。

お金の使い方には、消費、浪費、投資の３つがありますが、〝お金さん〟が喜んでくれるのは投資だと思います。

消費とは、食べたり、暮らしたり、住んだりするのに日々必要なもので仕方ありませんが、あまりに浪費が多いと〝お金さん〟は悲しみます。

自分にとっての学びになることが、投資だと思うのです。

そして、自分なりの志や考え方を持って世界のためになる使い方をすれば、〝お金さん〟は喜びます。

すると世界はいっそう自分に対しての信用を増やして、お金をもっとくれるというサイクルなのだと思います。

〝お金さん〟という友だちがいれば、今までできなかったことや大きなチャレンジができたりと、自由度が増します。そう考えると、お金がないとは不自由な状態であり、お金は自由への切符。お金はまた、やりたいことに挑戦するための相棒なのです。

世界からいっそう信用され、おとなとしての責任を果たしながら、やりたいことに挑戦していく。大変だけれど楽しい、おとなの冒険だと思います。

逆説的ですが、おとなになれば経済的にも気持ち的にも余裕が出てきます。

昔の僕みたいに「財布に八〇〇円しかない」という困った事態にはならず、切実さはなくなります。すると、お金とのつきあいがルーティンになってしまい、新しいチャレンジや進化につながる使い方を考えなくなってしまいます。

それはそれで、ちょっと危うい気もします。

だからこそ、どうやってお金を使うか、自分を信用してくれて何かやらせてくれた世界に対して、自分はどんな返し方をするのか、しっかりと考える。

これはおとなの大事な課題だと思うのです。

six

おとなのきほん。

毎日、毎日、整える

Sunday Morning 7am
「日曜日の朝七時、何をしてる?」と、僕は僕自身にときどき聞きます。
その答えに、自分のライフスタイルが表れる気がするから。
その大事な時間は一週間の始まりで、自分の基本だと思うから。

毎日がメンテナンス

五十代になってから、いっそう規則正しく早寝早起きが大切になりました。

もともと僕は規則正しい生活をしていますが、今は体調管理が仕事としてますます欠かせなくなってきました。しっかり睡眠をとらないと自分のポテンシャルが発揮できなくなったということです。

四十代半ばくらいまでは、二日ぐらい寝なくても誰にも負けない気がしていましたが、今はいくら気持ちがあっても無理です。年齢を重ねているのだから、自然といえば自然なことです。

健康管理にしっかりと向き合っていかないと、この先、十年か十五年、仕事が続けられないと思います。五十代になったからこそ考えるのは、自分を大切にするということ。病気やけがというのは、とらえようによっては「あっ、もっと自分を大切にすれば良かったな」と立ち止まって考える機会です。たとえば、四十代になると多くの人が思う「四十肩」というのは、「これからは不摂生や無理をしてはいけない年齢ですよ」という教えなのだと思います。

僕はそんな機会を与えてもらう前に、自発的に自分を大切にしたい。年齢を重ねれば重ねるほど、もっともっと一年を大事に扱おうと感じます。

早寝早起きして、毎朝、新しいことをしたい。だから夜は十時ぐらいに寝て、朝は四時半ぐらいに起きるようにしています。

起きてから七時くらいまでは自分の時間。マラソンをしたり、朝食を取ったり、新聞や本を読んだり、メールのチェックをしたり、基本的にのんびりします。

その後は早めに家を出て、少し原稿を書いたりし、誰よりも早く会社に行って仕事にとりかかります。

午前中はものを考えたり書いたり、生産的な仕事をする。

午後は打ち合わせをしたり人と会ったりして情報を収集したり、共有したり、発信したりする。

どんなに忙しくても六時半には仕事を終えて、家に帰って夕飯を食べて寝ます。会食をしたり、人に会ったりするのは週に一回か、多くても二回。

これはもう、きっちりしたルーティンです。


基本的に僕は休みをとらず、土日も起きる時間と寝る時間は同じ。午前中と午後の感覚も平日と一緒です。少し余白が増えているだけで、何かしら仕事もします。

毎日早寝早起きをして日々こつこつと自分のメンテナンスをしていると、休みの日に寝だめをしようとも一日だらけようとも思わない。つまり、休みというものが必要なくなるのです。

それでも、日曜の朝七時がいつもよりのんびりしているのは確かなことで、自分がすっきりと整っているかは、自分の暮らしがうまくいっているかどうかの目安になっています。

「やらないこと」を決める

五十歳になればみんないろいろな経験値があり、自分の基本となるスケジュールができていると思います。

これからもっと「やるべきこと」を増やしていくというより、睡眠時間を確保するといった本当に必要なことだけに絞り、自分で時間の整理整頓をしていくのが、おとなの基本ではないでしょうか。

普段、何気なくしている習慣や、当たり前のようにスケジュールに入れてしまっていることを、一回チェックしてみる。そして、不要だと思ったら外していきます。「やらないこと」を決めるのです。

無限だと思っていた時間が有限だという現実が突きつけられる年齢になったら、やりたいことだけに絞らないと、チャンスが来たときにトライできなくなります。

やる・やらないを正確に判断していくことが大切であるのと同時に、判断しないこともおとなの賢さだと思います。

力を抜いて漂ってみる

「やる・やらない」を決めるのは、いつも即決即断とはいきません。たとえば何かの選択肢があって迷ってしまったとき、あまりにも長い間悩み続けたら、ストレスを感じるだけです。そのことで自分の調子が悪くなってしまったら、本末転倒です。

僕なら、本当に迷った時は時の流れに任せます。激流に巻き込まれてしまったら、体の力を抜いて泳ぐのをやめます。

自分の中の思考をとめる。それでも自分のまわりはどんどん動いていくので、それにゆだねてみるのです。

無理にごり押しをしたり、意識的に身を引いたり、間違ってももがいたりはせず、ただぽつんと同じ場所に、思考をとめてじっとしている。ただし、決して溺れないように、淡々と足は動かして、立ち泳ぎを続けます。

悩んでいることについて話せる相手が偶然いて、自然にコミュニケーションを取れるなら話しますが、わざわざ相談することもありません。

どうしても決断できない時は、いくら焦っても人に聞いても答えは出ません。すべてを解決してくれるのは時間です。

流れに身を任せていても、やがてどうしても「イエスかノーか」「右か左か」と決断を迫られるタイミングがやってきますが、それは事態が進展したということです。きっとふっと答えが浮かんでくるでしょう。

その時のために力を抜いて、自分のコンディションを整えておくことが大切です。力の抜き方は、おとなの人生においてとても大事な気がします。いつも力を入れていてもしょうがないし、リラックスしている状態での仕事とか暮らしが理想ではないかと感じます。

ペースを落とす

必死で働いてはいても、ときどき、自分の走り方について考えています。

三十代、四十代は、結構がむしゃらに「前へ！　前へ！」と進む時代です。物事をどんどん進めていくアグレッシブさがあってちょうどいい時期だと思います。

しかし、五十代になってもアグレッシブに全速力で走っているのは、すごいというより美しくない。あくまで僕の主観ですが、「ちょっと違う」と感じます。

まだまだ全速力で走れたとしても、あえて自分でセーブする。そうしてこそ、自分をメンテナンスしながら、長く走り続けていく秘訣だという気がします。

僕はここ七、八年マラソンをしていて、朝は一日おきぐらいに走っており、がんばれば、一キロ四分半ぐらいのペースで一〇キロ走れます。でも、そのがんばっている自分は決して美しくはないのです。ハアハア息は上がっているし、足音は大きいし、汗はだくだくだし、何より自分の基本フォームが崩れてしまっています。

一生懸命という美しさはあるかもしれないけれど、それは僕の目指すスタイルではありません。あえてペースを落とし、スローダウンし、自分の基本とするきちんとしたフォームで走る。速さではなく、走りの質にこだわる。

これはマラソンだけじゃなく、仕事や暮らし、人生においても当てはまるのです。だから、僕が「必死で働く」というときは、あくまで自分との戦い。だから傍目にはゆったりリラックスした働き方に見えるのでしょう。

速さやパワーの競争にはもう加わらない。自分の日々の過ごし方、働き方、暮らし方、考え方、人との関係、すべてにおいて、ていねいで美しい基本の所作を目標にしたいと思っています。


仕事には、ある種の勝ち負けみたいな部分があります。

しかし、日々勝負かと言えば、それは違います。毎日試合はあるけれど、そのすべてに勝とうとは僕は思わない。半分勝って、半分負けて、イーブンでいいと思います。全勝を求めないことこそ、自分のライフスタイル、ワークスタイルを長く続けていくために必要な気がするのです。

「勝ちたい時に勝つために、普段はたびたび負けておく」

そうやってスローペースを保ち、限りある自分のエネルギーを大切に使っていきたいと思います。

箸の置き方は美しいか

時として力を抜くことは大切ですし、リラックスすることも大切です。

しかし、基本的には気を抜かないというのは、おとなの作法です。

うっかり気を抜かないよう特に注意したいのは、物事の始まりと終わり。

始まりというのは勢いがあるから気を抜かずに物事を進めますが、終わり方は意外になしくずしになってしまいます。

その象徴として、僕はつねづね「箸の置き方を美しくしよう」と心がけています。

食事を始めるときは「いただきます」を言い、最中はおいしく食べるわけですが、料理を食べてしまって満足すると、気を抜いて箸の置き方が乱暴になることが多いのです。

最後の最後まで気を抜かず、「ごちそうさまでした。ありがとうございました」ときっちり言ったあと、きれいにそろえて箸を置く。原稿や手紙を書いているときなら、「ああ終わり」と気を抜かず、最後にきちんと筆を擱《お》く。

仕事の終え方、何かのしまい方、人との別れ方。

相手を気遣い、おもんぱかれるよう、〝終わりの作法〟を身につけて、決して気を抜いてはいけないと思います。

すべての物事は積み重ねだと僕は思っており、一つが終わったら、それは次の一つにつながっています。そうやって点が線になるようにしていくのが理想だし、すべてがぶつ切りで数だけ増えるのはつまらなくて、さびしい。

こう考えると、仕事の終え方、しまい方には心を込めたい。それが「おとなのきほん」だと思います。

おとなのおしゃれ。

中身が大事な話

seven

ジェームスロックのパナマハットや
J・F・ケネディが着ていたシャツはとてもおしゃれです。
けれど、値段とか機能とかブランドとかは、
三十代、四十代で卒業しているのかもしれない。
僕たちおとなは、中身が大事。これ、本当。

おしゃれの卒業、そして新入生として

僕は洋服や小物が大好きだけれども、「それって、そんなに大事なことなの?」って考える人もたくさんいることでしょう。「大のおとなが、身に付けるもののことでとやかく言うなんて、どうなの?」って。かたや、身に付けるものがその人を語る。洋服は人生であるという人もいます。僕はただ、好きだったから、これっていいと思いませんかという気持ちで、三十代から四十代にかけて、ずいぶんおしゃれについて書いてきました。

今でも、ジェームスロックのパナマハットは素晴らしいし、J・F・ケネディが着ていたようなボタンダウンのシャツはとってもかっこよくておしゃれだと思います。でも、値段とか機能とかブランドとかは、三十代、四十代で卒業しているのかもしれない。

何よりも大事なのは清潔感ですよ。さっぱりと洗われて、アイロンがかかっていることが大切。そして、言わずもがなの大前提ということも何度もお伝えしてきました。そう僕たちおとなにとって、中身が何より大事なんです。これ、本当。

それはもう、おしゃれの新入生になった気分で取り組まなければいけないことなんです。洗濯を？　アイロンがけを？　いえいえ、それも大事なんですが、ここに来て、もっと大事なおしゃれの要諦が見つかったのです。

体を鍛えること

もったい付けずに言い切ってしまいましょう。五十歳を過ぎた僕が、おとなのおしゃれを考えたときに大切と思うこと、それは、品質とか、組み合わせとかでなく、体を鍛えることなのです。

女性の方は、もう少し早くから気づかれているかもしれませんが、五十代になると、男性だって代謝が落ちてきます。代謝が落ちてくるとどうなるか？　太りやすくなって、ぜい肉がつく、体がゆるんでくる、姿勢が悪くなってくる。こうなってしまうと、いくら素敵なものを買ってきて身に付けても、素敵に見えないのです。

ですから、何より大事なのは、運動をして体を磨くこと。僕はストイックにはしていませんが、好きな服を着たいので、それなりに体を鍛えています。朝のジョギングは日課ですし、毎週、土曜日、日曜日は一〇キロメートルは走っています。年に数回は、楽しみにマラソン大会にも出場しています。

もし、これをしないでいたら、どんなにいい服、どんなに素晴らしいといわれるブランドの服を着ても、少しも素敵には見えないでしょう。だらしない体では、着こなせない。むしろ、服に対して失礼なのではないかとすら感じています。

五十歳を過ぎて、何もしないでいると、肉体はどんどん劣化すると気づきました。だからこそ、あれが好きとかこれがいいとか、いろいろありますが、パンツ一枚で姿見の前に立って、恥ずかしくない体を作ること。これを心がけています。好きな服を着たいために運動をする。これにつきます。

買い物は出会いもの

若い頃はともかく、最近では目的を持って買い物に出かけることはそんなに無くなりました。むしろ、買い物は出会いものだと思っています。

そして、そんな風に出会ったものといつまでもつきあう、長く着る、繰り返し購入するというのが当たり前になってきました。

もう、何年も前になりますが、旅先でシューメイカーであり、デザイナーの某氏と偶然出会ったことがあります。バンクーバーに一人旅をしていた時のことでした。とあるカフェに入ると、すごくかっこいいシャツを着た男性がいて、しばらく一人でコーヒーを飲んでいた僕に話しかけてきたのです。その時、僕はその男性が、著名なデザイナーだとは知るよしもなかったのです。

彼は、イギリスのブライトンで靴屋をやっているんだと自己紹介をしてくれました。だから僕は、東京の中目黒でCOW BOOKSという古本屋をやっているんだよと自己紹介を返しました。そうしたら、偶然にも「君がやっている古本屋を雑誌で見たことがあるよ、行ってみたかったんだ」と言ってくれたのです。こんな偶然があるから、旅って面白いんですよね。

ひとしきり話が弾んだあと、彼は自分のシャツを脱いでプレゼントしてくれました。僕はそんな彼の気持ちがうれしくて、そのとき身に付けていた帽子をプレゼントしました。お互いのお気に入りのものを交換したのです。

その場でシャツを着た僕を見た彼は、少し大きめだとわかったんでしょう。東京に戻ってしばらくすると、僕にぴったりの服を送ってきてくれました。そんな出会いがあって、僕は、それからもずっと彼の服を買い続けています。

これは特殊な例かもしれませんが、買い物というのはこんなふうな出会いものであると僕は考えています。

ところで、外国のカフェで誰かが話しかけてくることなんてあるの？　と思う人もいるかもしれませんね。でもね、実はそれって簡単なことなんです。一人旅で時間がたっぷりあったら、毎日同じカフェで同じ時間に同じものを食べて御覧なさい。少なくとも、店主や常連、あるいは同じような境遇の旅行者がきっと声をかけてくれるはずです。

いつまでも大切にしたいもの

流行廃り《はやりすた》とは関係なく、本当にいいものを、いつまでも大切にするというのも、僕は究極のおとなのおしゃれだと思っています。

マレースペースシューズの手作りの靴が、僕にとってのそれです。もう、二十数年も前になりますが、写真家の飯田安国《いいだやすくに》さんとサンフランシスコを旅した時、飯田さんが連れて行ってくれたのが最初でした。

「松浦さん、僕、今日ちょっと靴屋に行きたいんだ、一緒に行かない？」と言う飯田さんは、キュートな皮のスリッポンを履いていました。それが、サンフランシスコから車で二時間以上行ったところにある、マリーさんと息子のフランクさんが二人でやっている靴工房のものだと知ったのは、飯田さんが運転する車の中でした。

飯田さんはその靴を、すでに二十五年も履いているというのです。サンフランシスコに来たら、必ずリペアして、大切に履いているんだと教えてくれました。アートスクールの学生だった若き飯田さんが見つけた小さな靴屋の物語に、僕は引き込まれてしまいました。

お母さんのマリーさんは、毎日ハイヒールを履いて働くオフィスガールだったそうです。そのため、足を悪くしてしまい、困っていました。そこで、ドイツで足の悪い人のための靴作りのメソッドを学び、アメリカに戻って小さな靴屋を始めたのだそうです。その頃はもう、息子のフランクが手伝っていました。

サンフランシスコからの一本道をずっとその話を聞きながら、たどり着いたグリンダという町。小さな靴工房には、かわいい手作りのモカシンが並んでいました。

僕はそのとき、早速靴を頼みたかったけれど、ぐっと我慢しました。なんだか、ついでにくっついてきて、注文するのは失礼なような気がしたのです。僕は、必ず靴を注文するためだけにこの店を訪れて、きっと注文するから待っていてくださいと伝えました。

日本に帰ってから、手紙でやりとりをして、ある時、靴を作るためだけに出かけていって、一足の靴を注文しました。そのときの採寸のうれしかったことといったらありません。今は、五、六足持っています。

数年前、ジョン・ミューア・トレイルを歩くときに、マリーさんに登山靴を作ってもらいました。長距離トレッキングロードを歩く旅。多くの人が靴擦れでリタイアするといいます。マリーさんに事情を話すと、「私は、石膏でできたあなたの足形を持っているのよ。絶対に靴擦れなんかさせないわ」と請け負ってくれたのです。

過酷なジョン・ミューア・トレイルで、僕の体がボロボロだったのは否めません。けれど、同行者の足がまめだらけなのに比べて、僕の足だけは赤ちゃんのようにぴかぴかでした。

マレースペースシューズの靴は、僕の宝物。今は亡き、マリーさんが作ってくれた靴を、後を継いだフランクがずっと修理し続けてくれるでしょう。

こんなに素晴らしい宝物を、紹介してくれた飯田さんにも感謝しながら、靴の手入れをするのが僕の楽しみでもあります。宝物の靴とともに過ごした、宝物のような日々を思い出しながら……。

eight

おとなの趣味。

くつろぎと楽しみ

園芸、釣り、音楽、旅、スポーツ。

おとなら「これが趣味です」と言える何かがあるのが普通でしょうか？

僕はそうは思いません。

「今、探しているところです」というのが、ちょっといいなと思うのです。

趣味とは「探すもの」

おとなになって仕事ばかりしていて、趣味がないのが悲しい。

そんな話をする人が、ときどきいます。

しかし、そもそも趣味とはなんでしょう？

僕は自分の興味があることを次々と行動に移していくところがあるので、「多趣味ですね」と言われます。

ギターを弾いていたこともあるし、フランス語を習っていたこともあるし、ボルダリングをしたこともあれば、今はヨガをやっています。でも、それらが趣味かというと、ちょっと違う気がします。

また、ずっと続けていることを「趣味です」という場合も多いと思います。

僕は子どもの頃から大好きだから、読書と絵を描くこと、音楽を聴くことと写真を撮ること、旅をすること、料理をすることは、長年続けています。でも、それらが趣味かというと仕事だったりして、ちょっと違う気がします。

マラソンはもう七年続けていますし、たしかに趣味といえば趣味ですが、健康管理としての習慣でもあります。

このように考えてみると、人に「趣味です」と語るものは、もうすでに始まっていることのあとづけに過ぎないと感じます。

それはそれで悪くはありませんが、僕はつねに新しいことをやってみたい。それを「趣味」と呼びたいと思います。こうした意識を持てば「仕事ばかりで趣味がない」という状態にはならないのではないでしょうか。

去年夢中でやっていたことを、今年はさっぱりやっていない。それも大いに結構だと思うのです。

新しいことを次々とやる秘訣は、「やる・やらない」の境界線を作らないことだと思います。

「とりあえずやってみよう」

これはおとなになればなるほど、大切な言葉です。

逆に言うと「やってみる」という意欲があること、それがいくらでも趣味を作るタネみたいなものかもしれません。

おとなには秘密も必要

「あなたの趣味はなんですか?」

僕たちは気軽な会話としてこの質問をしますが、趣味というのは非常に個人的なことです。

本当の趣味とは、人に言えないことだらけだと思うのです。

自分が夢中になっていることが、いわゆる趣味として一般的なものとは限りません。すごくささいなこと、ちょっと恥ずかしいこと、人によっては「くだらない」と笑うことに、夢中になることが誰でもあります。

たとえば、木の葉をむしって匂いを嗅ぐ、これがたまらなく好きな人。耳の掃除をするのが大好きな人。

これは、当人にとっては立派な趣味でも、なかなか人に説明して「ああ、いい趣味ですね。私も好きなんです」と分かち合うのは難しい。

しかし、僕はこれもすてきだし、おとならしいと思います。

おとなにはさまざまな役割があり、仕事の時は職業の顔、家にいる時は家族の顔、友だちといる時は友だちの顔をしなくてはなりません。

それは楽しいことであり、喜びですが、たまに息抜きをして素の自分になると、心休まることは確かです。

自分が夢中になっていることはあるけれど、人に言えるものではない。

おとなには、そんな秘密も必要です。

繰り返し味わう曲

僕は音楽が好きなので、新しい曲も聴きますが、ベースにあるのは十代の終わりから二十代の頃に聴いた曲です。

ちょうど高校生になった頃、お金を貯めて初めてステレオというものを買いました。それまではカセットデッキだったので、初めてスピーカーから出てくるステレオの音楽を聴いたときは、うれしくてたまらなかった。

たっぷり時間があるし、いろんなことを吸収したい、触れてみたいという年頃です。その頃がいちばんたくさん音楽を聴いていました。特にアメリカの曲が好きで、ライ・クーダー、ボブ・ディランやニール・ヤングはいつも聴いていました。いちばん好きなのはジェームス・テイラーで、ライ・クーダーは新しいアルバムが出ると今でも買っています。

何かをしながら音楽を聴く人はたくさんいますが、僕は「ながら」で曲を聴くことはしません。家で夜眠る前、「ちょっとリラックスしたいな」というときに、ソファに座って音楽を聴きます。

これは本を読むときとほとんど同じ感覚で、「ああ、この文章がいいな」と思うように「ああいいな、ここのメロディー」「ここの詩が好きだ」と味わいます。

だから僕は、同じ曲を何回も繰り返し聴くこともしばしばです。アルバムを通して聴くこともあるけれど、「今日は寝る前にジェームス・テイラーの〝You've Got A Friend〟を聴きたい」と思ったら、何回も聴きます。一曲は四分足らず、つまりすぐに終わってしまって味わえないから、気が済むまで繰り返し聴くのです。

「ここをもう一回聴きたい」とか、「あそこがどうなってるのか確かめたい」と、ディテールに注目すれば、何度聴いても新しい気づきがあります。

そうやって、一曲の中にいくつかある「自分なりの楽しみどころ」をていねいになぞると、とてもうれしいし、音楽を聴いたという満足感に浸れます。

旅する読書

趣味とは楽しむものであり、楽しみながら自分をいやし、休めるものでもあります。

おとなであればみな、普段は仕事のことから家族のことまでいろいろと考えていて、心や頭をそこに集中させています。

集中するのは必要だし、大事なことですが、ときどき意識的に休めないと、心も頭もくたびれて、集中できなくなってしまいます。

そういう時、僕は音楽を聴いたり、本を読んだりします。新しい本を読み切るというわけではなく、一度読んだことがある本でもいいのです。ぱっと開いたところを、とにかく集中して一時間くらい読んだりします。すると、ふっと現実から離れることができるのです。

集中して読書をすることで、遠い国にも旅ができるし、「今」から離れられる。

これもおとなにふさわしい趣味といえそうです。

nine

おとなの計画。

バランス感覚の鍛え方

一年の初めに、文字を書く。

これまでの自分と、これからの自分を考える時間です。

「これからの自分」というのは、考え過ぎても過ぎなくてもいけない。

おとなの目標と計画には、バランス感覚が必要です。

年始は書き初め

小学生みたいですが、僕は書き初めが好きです。

毎年お正月にはきまって自宅で筆をとります。

今年の抱負を書くこともあれば、その時に浮かんだ言葉を書くこともある。

「字を書く」という行為は、自分を見つめ直すのにとても役立ちます。

禅のお坊さんが「○」をしゅっと書いたりしているのを見たことがある人もいるでしょう。あれはおそらく、書いたものに心が現れるということ。

きれいに「○」が書けるか、それともゆがむかで、今の心の中に何か迷いがあるのか、不安なことがあるのかがわかります。

書くという行為を通して、今の自分の心が鏡のように映し出される。

今の自分の心の状態を知ることによって、気持ちが新しくできる。

だから、僕は書き初めをするのであり、大切なのは出来上がった書より、書くというプロセス。書き終えたものを壁に貼ったりはしません。


書には、人となりも現れます。濃い墨が好きな人と、薄い墨が好きな人。どちらがいいということでもなく個性です。

家族で、あるいは会社の仕事始めに、みんな一緒に書き初めをしてみると面白いでしょう。

「好きな文字を書いてみよう」と、墨を磨《す》るところから始めます。硯《すずり》に対して墨をまっすぐにして磨る人、消しゴムを使うときみたいに墨の端っこから磨る人、書道の正しい作法はあまり考えず、気楽に好きなようにやってみましょう。そうやってお互いの人柄や心模様を見つけ合うのです。

ゆったりした時間をとることも、新しい年の始まりにふさわしいと感じます。

僕には「誰にも負けない字」というのがあります。これだけは自信が持てるという好きな文字があるのです。

それはひらがなの〝つり〟。小学生の頃、書道の授業で書いたのがきっかけです。〝つり〟の二文字を普通に書いてみると、並びと見た目が非常に美しい。意味合いとはまったく別に、文字としてとても好きです。

こんなふうに好きな文字があったら、ウォーミングアップをかねて書いてみるといいでしょう。

「特にない」という場合は、いろいろ思いつくままに書いてみると、「誰にも負けない文字」「とても好きな文字」が見つかるはずです。僕もそうやって〝つり〟と出会いました。

同様にすごく苦手な文字もあり、それは書道の〝書〟。横線が多すぎてむやみに高さが出てしまう、難しい文字です。

手始めに自分の名前を書くという人も多いと思いますが、一文字一文字ばらばらにして、「字」として向き合ってみると、新しい発見があります。

僕の名前は、〝松〟も〝浦〟も〝弥〟も〝太〟も比較的書きやすいのですが、〝郎〟が少し難しい。バランスがとりにくいのです。

自分の名前は一年に数え切れないほど書くと思いますが、一文字一文字に思いをはせるひと時が、年の初めにあってもいい。そこに自分の知らない自分が浮かび上がるかもしれません。

「一年の計画」は書かない

四十代の年末は決まって、毎年白い紙を机の上に置き、「今年どうだったか？」の振り返りをしながら「来年はどういう一年にしようか」と目標を書いていました。

それを小さく折りたたんで、新しい年の手帳に挟んだものを、一年お守りのように持ち歩く。これが三十代からはじめた習慣だったのです。

暮らしにおいて仕事において、書いていたのは具体的なことばかりでした。それから夢に向かって何をするかも、思いのままに書いていました。

その習慣をぷつんとやめたのは、五十歳。

その年、はっと思ったのです。僕の目標はとても普遍的だから、ずっと続けていると、書くことはいつも同じで変わらない、と。もう頭に刻み込まれているものを、改めて書く必要があるのだろうか、と。

「目標を書こう」と机に向かうと、なんとなく「新しいものを書かないといけない」というプレッシャーがかかり、新しいことばかりを探してしまいます。目標、心がけ、仕事、暮らしのあれこれや趣味、なんにつけそうです。

でも実際は、大切なことはそうそう変わるものではなく、単に新しさを追っただけの目標は、おまけか飾りみたいなものです。

おまけや飾りが増えていく目標を書いて、折りたたんで持ち歩いたところで意味がない。そう気づいてから、この習慣は僕の中から消えました。

日々というのは、何かを選択し、判断することの繰り返しです。

若い頃は時間がたっぷりあると思い込んでいて「好きなことを思いつくままやればい

い」とたくさんの目標を書いていました。

しかし自分がおとなになり、働くリミットがあと十年、十五年と限られてきたら、限りがある時間で、自分なりに正しい選択と判断をして、ものごとに向き合いたくなります。

だからおとなは「やらないこと」が増えていきます。

だからおとなは計画的だし、おとなの計画はシンプルになるということでしょう。

人を喜ばせる数値目標

仕事で目標を考えるときは、いつも二本立てです。

数値的に具体的に考える部分と抽象的に考える部分。

たとえば収入について言うと、「今年いくら欲しいか」という数値目標があります。

しかし、これをお金で考えてしまうと、おかしなことになります。お金というのは精いっぱい何かをした結果であり、人に喜ばれた質量が現れる〝しるし〟です。

そこで僕は金額ではなく「どれだけの人を喜ばせ、感動させたか。どれだけの人に役に立ったか」という抽象的なことを考えてから、〝人数〟という具体的な数値目標にしています。

僕なりの解釈だと、人の役に立った数は収入に比例しているため、結果としてお金についての目標も兼ねることができます。

いつも考えるのは、スケールについてです。

「自分の人生において、喜んでもらい、自分を必要としてもらう『みんな』とは、東京ドームいっぱいぐらいの人たちなのか？」

「フロリダのウォルト・ディズニー・ワールド・リゾートの来場者数くらいの『みんな』なのか？」

「一日一組しか入れない、こぢんまりしたレストランくらいの『みんな』なのか？」

そのとき僕は、「濃度」について考えません。

一日一組のレストランに訪れる二人のお客さんを喜ばせるほうが「濃く」て、フロリダのウォルト・ディズニー・ワールド・リゾートの年間来場者数およそ一七〇〇万人だと、喜びが「広く薄くなる」とは思いません。

どちらの場合も同じクオリティでまったく同一の喜びを届けるように考えるのが仕事であり、今の時代に必要な発明だと思っています。だいたい濃度が違ったら、スケールで考える意味がありません。

僕が松浦弥太郎という会社で仕事をしているとしたら、「執筆」「編集」「会社経営」という三つのチャンネルを持っています。チャンネルは違っても、その先にいる人たちは最終的に、僕が喜ばせたい「みんな」です。

どんなチャンネルを通じても、同じ濃度のまま薄まらずに、役に立つこと、嬉しいこと、困りごとを助ける方法を届けるのが僕の目標です。

悲しいことに人の持っている力は限られているから、僕には一億人の「みんな」に何かを届ける力はない。そこは自分で冷静に見極めなければなりません。

それでもスケールは大きければ大きいほどいいし、「みんな」の人数は多ければ多いほどいいと思います。なぜなら、絞り込んだ「みんな」だと特殊な世界になってしまうからです。

アメリカから帰ってきた頃の三十歳の僕にとって、「みんな」とは、たとえば中目黒の半径一キロ圏内にいる人たちでした。

喜んでもらえてすごくうれしかったし、自分の存在を確かめることもできました。でも、ずっとそのままではさびしいと思うのです。

少しずつ少しずつ半径を広げることを、自分の目標であり喜びだととらえています。

だから今の僕は「わかる人にはわかる」という伝え方をしようとは思いません。たとえば、表参道を歩いているセンスのいい人だけに認められる〝通なもの〟を、考えたりはしないのです。

文章を書くときもメディアを作るときも、自分が何かを発信する時にいちばん考える「みんな」は、世界中の子どもとおばあちゃんです。

「田舎に暮らしているおばあちゃんの心に届くものは何だろう?」

「世の中を知らないけれど夢をいっぱい持った子どもたちが、すてきだな、かっこいいなと思えるものは何だろう?」

いつもそんなことばかり考えています。

「みんな」の範囲を広げる

みんなの範囲を広げること。

広げた範囲の中の全員に同じように「うれしい」と喜ばれ、「役に立つ」と言われ、「困りごとが解決した」と感謝されることは何か？

これはとても難しくて、悩んだり苦しんだり、いろいろな試行錯誤の連続ですが、それこそ僕の仕事の基本だと思うのです。

範囲を広げたみんなに、同じように喜ばれる。これは言い換えると、普遍的なこと、つまり「基本」を提供するということです。

これまでの本や雑誌やメディアは、世の中のみんなに届ける試みをたくさんしてきたと思います。それでもみんなに届けるのは難しいから、いわゆるセンスのいい人に焦点を絞って定めて、ブームだったり流行だったりファッションだったり、流れを作り出してきたような気がします。

僕がやろうとしているのは、先人たちがトライし、ちょっと踏み入れ、あきらめた道にぐんぐん踏み込んで、さらに掘り下げること。届かなかった「みんな」に、直接、まっすぐ、届けようとすることです。

僕がやる以上、独自性がなければいけないし、発明がなければいけない。たぶん、とても難しいチャレンジだと思います。


だからこそ僕は毎日想像し、「みんな」の半径を広げています。

「小さな町に住んでいるおばあちゃんは朝起きたら、いつもの朝ごはんを食べるな。ごはんと、昨日多めに作った具沢山のお味噌汁の残りに、卵をひとつ落としたやつ。ちょっと眠くなりながらテレビを見て、一休みをしたら、商店街にゆっくり歩いて行って、雑貨屋さんで何かを買って、また何かを考えながらゆっくり家に帰って来るだろう。このおばあちゃんに、僕は何を届けたら喜んでもらえるかな。どういう言葉をかけたら元気を出してもらえるかな」

いくら想像しても、おばあちゃんのすべてはわかりません。

ただ、自分も含めて「強い人はいない」と思えば、想像力はより広がります。

どんなに偉くて権力を持っていても、すべてを手に入れているように見える賢くて美しい人でも、人間はみんな弱いと僕は思っています。

弱さを持っているという点で、人間はみんな一緒です。

みんな弱くて困っていて、いつも何かに助けてもらいたいと思っているし、自分を救ってくれるものを探しています。

僕自身、日々の仕事においても暮らしにおいても、思い通りにいかないことばかりです。いつも悩んだり不安に思ったりしているから、その気持ちがすごくよくわかります。

自分の胸に手を当てると、無理やりにがんばって、「おばあちゃんの困りごと」を思い浮かべなくても、自然と思い浮かんでくるものがある。

僕はそれを拾い上げて、解決策に変えて届けたい。

たくさんのみんなのために。そしてみんなの一人としての僕のために。


僕は文章を書くとき、かんたんな言葉しか使えません。メディアを作るときは、忙しい人でも楽に読めるように、たくさん書きたくても短くまとめます。困っていて、弱い人が、ストレスを一切感じないように。

意味はよくわからなくても、読んでくれた子どもの心に何かが残ればいいなと思いますし、おばあちゃんのような自分からすごく遠い場所にいる人たちのところに、まだ誰も言語化していないことを届けることができたら、最高の自分の使い道だと信じています。

「きほん」を初めて言葉にする

ここ一年、二年の仕事については このような数値目標を考えていますし、自分個人についても「十年後はどういう六十代であり、どういう暮らしをしていて、どういう仕事をしていたい」というのを具体的に考えています。

「六十一歳の僕はまだ元気で、みんなに嫌われることなく必要とされ、『いなくなったら困る』と言ってもらえるような存在でいたいな」

このほか、恥ずかしくて人に言えないような細かいことまで考えます。

なぜなら日々の暮らしと仕事はいつだって不安で、それが大きな波になって自分を呑み込もうとするからです。正直に打ち明けてしまうなら、僕が朝四時半に起きるのは、べつに夜十時に寝ているからではなく、あらゆる不安が大きくて目が覚めてしまうという部分も少なからずあります。

冒険のわくわく、どきどきはうれしいけれど、心配のはらはら、どきどきはつらい。そのつらさをほんの少しでも和らげるために、「十年後の自分はこうありたい、そのために今こうしてるんだ」ということを、大義名分のように持っているのかもしれません。


そして僕には、大きな目的もあります。

みんなが「こんな感じ」とか「こういうふう」と思っているのにもかかわらず、まだ誰も言語化してないような大切なことを、仕事を通じて言語化したい。

普通のことを初めて言葉にして、「あっそうそう、そうなんだ。それが大事なんだ」とみんなに喜んでもらったり、「そうか、言葉にするとそういうことだったんだ」とみんなに気づいてもらったり。

つまり言葉にすることで「きほん」を作るのです。

自分の言葉によってみんなの気持ちに役に立つことが、僕のいろんな仕事の目的です。

喜んでもらう、気づいてもらう、役立ててもらう。

どれも人のためで、きれいすぎると言われるかもしれませんが、これは二十代、三十代、四十代を生きて、何年もかけてたどりついたことです。

年齢を重ねてようやく気がついたのは、生まれてから昨日までの間に自分が人や世の中にしてあげたことよりも、世の中や人が自分にしてくれたことのほうがはるかに多いということ。それに気がついてからは、優先順位は世の中や人で、自分はいちばん後になるのがごく自然なことでした。

なんとしてでも自分を役立たせたい。世の中に何かを与えたい。そのために、これからの自分の心と頭を使うべきだと思っています。

僕がこうなりたい、こう生きていきたいというよりも先に、「人を悲しませず、傷つけない」というのが、「べき」というよりは、おのずと最優先事項になります。

ここまで絞られてしまうと、二十年後の自分については「こんな感じ」とぼんやりイメージするくらいです。

将来については、僕はあまり考えていません。

考えることはいつも今のこと。将来はわからないし、それが楽しいと思っています。

おとなのスタートアップ。

続けながら新しく

ten

五十歳というのは、「仕上げに入る歳」というイメージがありました。

これまでの自分がやり遂げたことを完結させていくのだと。

でも、本当にそうでしょうか？

自分のスタートアップにしてもいいのではないでしょうか？

五十歳はどんな歳？

経験が十分だから、新しいことができると思ったら大間違いです。

初心にかえっていろんなことを学ばなければいけないし、今までの経験をもう一度振り返り、何が必要で何が必要ではないのか判断しなければいけません。

そう、五十歳から新しいことをするのは、たやすいことではないのです。

それでも「新しいことをやろう。今こそスタートアップをしよう」と心に決めたとき、僕の心は躍りました。

「今から新しい一歩を踏み出せる」

そんな意識を持ったとたん、あらゆることが楽しくなりました。


四十九歳で「暮しの手帖社」から「クックパッド」に移った僕は、そこでゼロから手作りで、「くらしのきほん」という、まったく新しいメディアを始めました。

年中無休の二十四時間営業の気持ちになり、夢中で取り組んでいるうちに二〇一六年が過ぎていき、五十歳を迎えたのです。

何年か前までは、「五十歳にもなったら、十分に賢いおとなになっているだろう」と思っていました。立場もできて、ちょっと偉くなって、自分の築いたものを強固にしながら、人生が完成していくような気がしていました。

でも、実際に五十歳になってみて、はっと気づいたのです。

「僕は偉くなりたくない！」ということに。

五十歳から先の人生を、偉くなって落ち着いて過ごしたくない。

今までずっと、「どう暮らし、どう働けば、人生が楽しく有意義なものになるのか？」と、試行錯誤しながら生きてきたのです。僕の本音は「これからも同じように、どう暮らし、どう働けば、人生が楽しく有意義なものになるのか、試行錯誤しながら生きていきたい！」というものでした。

「ゼロからまた何かを始めたい。スタートアップをしたい」

五十歳を迎えてまもなく、そんな気持ちがこみ上げてきました。

不安とはらはらとスタートアップ

ところが、気持ちというのは一つではないのです。

五十歳になったとたん、「新しいことをしたい」という切望と同じくらい、不安がこみ上げてきました。

現実として体力の低下も感じはじめていたし、たまに物忘れをするようになったし、今まで通りの働き方をしてもうまくいかず、「あれっ？」ということが増えました。

人間は弱いものだから、体の調子が揺らぐと心もだんだん弱気になってきます。

保守的になり、「今の自分」を必死で守りたいという気持ちも、ひょっこり顔をのぞかせました。

すると、今の自分に対してさえ、自信がゆらぐのです。

「これで正しいのかな？　この解釈で大丈夫なのだろうか？」

ウェブメディアのコンテンツでも本でも、何かをリリースするたびにはらはらしました。

「プレイヤーとして役に立たないという現実を突きつけられる日も近い。秒読みの段階かもしれない」

五十歳になって染み出してきた不安とはらはらは僕を取り囲み、別の場所へ連れ去ろうとしているかのようでした。

しかし、守りに入って「偉くなること」を目標に変えてしまったら、僕は僕ではなくなってしまいます。

「今の立場をキープしよう」と思ったとたんに、自分の顔つきが変わってしまいます。現状維持でいいと決めたとたん、自分は老いていくのだと実感したのです。

そして、実感したとたんに強く湧き出てきたのは、こんな言葉でした。

「いやだ、いやだ、いやだ！」

やっぱり僕は偉い人にはなりたくありません。

僕はプレイヤーをやめた評論家になりたくありません。

歳をとるのは嫌ではないけれど、心が老いるのは耐えきれないと思いました。

僕はいろんなことをあきらめずに、これからもチャレンジして生きていきたい。

理想論かもしれませんが、五十歳以降はできるだけ老いに抵抗し、歳を重ねるほどに、むしろ若々しくなっていきたいのです。

そのために必要なこと、学ぶべきことはなんだろう?

そう考えたとき、やはり「スタートアップだ」と思いました。

自分の時間が有限で、無理もきかなくなっていくなら、「限りある自分の気持ちと時間を費やして悔いはない」と思うことに取り組みたいと思います。

また、無我夢中でゼロから1を作り出すことがスタートアップであるのなら、残りの人生でそれを何回できるかを考えると、あと一回か二回、せいぜい三回でしょう。

それなら、今やるしかないのです。

二〇一六年十二月、僕はクックパッドを退職し、二〇一七年一月、立ち上がったばかりのベンチャー企業「おいしい健康」に加わりました。自分でゼロから作り上げた「くらしのきほん」というメディアも大切に連れて行きました。

サーブを打つ

これまでは、「この問題を解決してほしい」と依頼が来て、それに一八〇パーセント応えることが、僕の仕事の基本でした。

依頼というのはクライアントや会社から来るものとは限りません。世の中や社会が、僕という人間の価値に対して、「この問題を解決してほしい」と、ボールを投げ入れて来るのです。

それはテニスに似ていて、僕はずっとボールを打ち返す側でした。

ボールが飛んで来るというのは、認められ、求められているという幸せなことです。しかしその反面、キリがないことも事実ですし、どんなボールか自分が決められないもどかしさもありました。

しかしスタートアップをし、新しく会社を興すなら、自分のほうからサーブを打てます。世の中に、自分から、自分のボールを打ち込む。

思えば三十歳の僕は、今よりずっと持っているボールも少なかったのに、懸命にサーブを打ち続けていたのでした。

これから僕はまた、サーブを打っていくつもりです。体力に任せて夢中で打つのではなく、自分でよく考えたオリジナルのサーブを大切にていねいに打っていきます。

いつも同じサーブでは飽きられてしまうから、「おっ、すごい」というサーブも、ため息が出るくらいきれいなサーブも、新しさを投げ入れるようなサーブも打つと決めています。

いいところを見つける才能

若い頃の僕は、好きなことがうまく見つけられず、嫌いなことを並べたてて自己主張をしていました。

「これは格好悪い。あれはいんちきだ」と通ぶっており、「じゃあ、君は何が好きなの？」と問われたら、答えに詰まっていたのです。いわば否定のかたまりで、このやり方ではサーブは打てません。今思えば、必死に自己主張して、自分を知ってもらうことで精いっぱいだったのでしょう。

しかしおとなになった今の僕は、嫌いなことよりも、好きなことのほうがたくさんあります。

人に対しても物事についても第一印象で決めずに、「こんなふうに感じるけれども、どこか一つぐらい、すてきなところがあるんじゃないか」という目で、注意深く見るようになったからでしょう。

今では物事や人の「いいところ」を見つけるのが自分の特技だと思っていますし、そうやって見つけた好きなことは、人になんと言われようと大好きです。

もしも僕に、人より何か優れているものがあるとしたら、「いいところを見つける才能」だと思うのです。

みんなが「いらないよ」とゴミ箱に捨てるようなものでも、「よく見たらこんなにすてきなところがあるよ」という発見ができる。

みんなが「どこにでもある普通のものだ」と見向きもしないようなものでも、「近づいてみたら、とてもやさしい香りがするよ」という発見ができる。

こうして新しい価値観を生みだすことが自分にできることなら、それを世の中のために役立てていきたいと考えています。

十代から三十代までの若い頃を通り越して、ぐんぐん時をさかのぼってみれば、僕は好奇心いっぱいの少年でした。街で何か人だかりがしていたらいち早く見に行き、いちばん前の列でじっくり見ているタイプでした。

大道芸人でも、デパートの実演販売でも、必ずいちばん前に行き、「すごい、すごい」を連発しながら目を輝かせていました。

めずらしい、面白い、楽しい。あらゆるものに感動し、自分の心の中にとどめておくのがもったいなくて、大急ぎで家に帰って家族全員に話し、それでも気がすまなくて友だち全員に、「今日こんなすごいものを見たんだ!」と電話をかける。

みんながまだ気がついていない「いいところ」をいち早く見つけ、言葉にするのが大の得意だった幼い日の松浦弥太郎。

五十歳になり、僕はきっと、自分の素に戻ったのでしょう。

そしてそれこそ、僕が世の中に役立てられるものだったのです。

僕が発信する「これっていいじゃん、すごいじゃん」が、家族や友だちや学校の先生に喜ばれていた。その小さい成功体験をもとに、これからも、できることがたくさんある気がしています。

相談しない

思いついたことを実現しようとする時、僕は一人で考えるほうです。人に話す時はもう実行寸前で、報告に近いのです。

もちろん誰かに相談し、意見をいただくことも役に立ちます。しかし根本的には、とことん自分一人で向き合って、考え尽くしたい気持ちが強くあります。

一人で結論を出すのはとても大変ですが、そのほうが後悔がない気がします。会社を興すことに限った話ではありません。おとなが何か新しくスタートアップするのなら、自分に相談し、自分で決めるのが基本なのではないでしょうか。

さらに、人に相談しないと、可能性が広がります。

なぜなら「自分らしくないこと」ができるから。

たとえば僕が初めてフェイスブックやインスタグラムを始めたとき、大勢の人に言われました。

「SNSなんて、松浦さんらしくないね」

しかし僕にしてみれば、「らしくないこと」だからこそ、興味を持ってチャレンジしてみたかったのです。知らないままで、世界が広がらないのは残念だったのです。

考えてみると、『暮しの手帖』の編集長になった時は、「らしくない」とずいぶん言われました。しかし九年の間に『暮しの手帖』は僕らしいものに変わり、クックパッドに入るときには「インターネットのベンチャー企業？　松浦さんらしくない」と言われました。

そして、なんとも面白いことに、クックパッドで作った「くらしのきほん」は「松浦さんそのものですね」と言われています。

つまり、自分らしさとは自分で新しく作っていくものではないでしょうか。

それならば、人の評価や意見はいらないものかもしれません。

これからも僕はきっと、たくさんの「自分らしくないもの」にトライするのだと思います。

新しいこと・続けること

スタートアップは新しく始めることですが、おとなのスタートアップは新しいことと続けることのバランスをとるのが基本だと僕は考えています。

同じことを続けていると、「これをずっとやっていくって、意味があるのか？」という気持ちが誰でも湧いてくるものですが、続けることもとても大切です。

「それって今の立場をキープするということで、矛盾ではないか？」

そう感じる人がいるかもしれませんが、「続けながら新しくする」というのが、おとなの豊かさだと思います。

「ゼロリセットして何かを始める、何かを変える」というのは、実はとても簡単です。しかし、一度始めたら愛情を持って、ずっと変えずに続けていくのは、とても難しいことです。

さらにもっともっと難しいのは、続けながら新しくすること。つまり、一度始めたら愛情を持って、根っこにある理念はずっと変えない。それでいて社会の変化や人の求めに応じて表現を変え、新しくみずみずしい花を咲かせるということです。

でも僕は、その難しいことにチャレンジしようと覚悟しています。

「人が気がつかないいいところを見つけて知らせたい」

「困っている人の助けになりたい」

「自分を道具とみなして世の中の役に立てたい」

「みんながなんとなく感じているのに誰も言語化していないことを言葉にしたい」

こうした基本は、ずっと続けていく。

そして著書であったり、エッセイであったり、『暮しの手帖』であったり、「くらしのきほん」であったりと、表現する方法や伝える方法は、常に新鮮なものへと変化させることでクオリティを保っていく。

これからもずっと、続けながら新しくしていくつもりです。

どんなに手応えを感じても、まだまだ自分のゴールではないと思っているから。

epilogue

振り返らない

今まで人生の選択の中で、「あっ、この選択じゃなかった」と、考えたことがありません。

もしかすると間違った道を歩んだかもしれない。

間違った判断をしていることもあるかもしれない。

でも、過ぎてしまったことは過ぎてしまったこと。間違っていたところで訂正できないのだから、振り返っても意味がないのです。

僕はだから、過去を振り返る習慣がありません。

四十代の頃の僕は、五十代がどうなるかなんて、まったく想像がつきませんでした。

たぶんそれだけ、四十代が僕にとって良かったということでしょう。

でも、四十代が終わろうとする時、四十代は僕にとって過去になっていました。振り返るべきではない、「もう終わったこと」に変わっていたのです。

そして今、五十代の僕は、六十代がどうなるかなんて、全然、想像がつきません。

誤解を恐れずに言うならば、今、この瞬間にこの星がなくなり、自分も死んでしまっても、まったく悔いがないというくらい、感謝の気持ちで満ち足りています。

たくさんの人にも会えたし、たくさんの経験もあるし、たくさんのものも手に入れた。

とても幸せだし、恵まれています。

「これ以上、何を望むの？　バチがあたるんじゃない？」

自分にそう問いかける時があるくらいです。


そうすると、いつも同じ答えが出てきます。

とても幸せで、恵まれているからこそ、お返しをしなければいけない。だから僕は、もっと成長しなければいけないのだと。

僕がたくさんの人に会えて、たくさんの経験をして、たくさんのものを手に入れられたのは、人が助けてくれたり、ラッキーな出来事に恵まれたからです。

自分の力で手に入れた幸せではないから、恩返しをしなければなりません。


おとなとして、どんな恩返しができるだろう?

僕はそうやって、新しい基本を作り続けていくのだと思うのです。


この本は、「渋谷のラジオ」の「50歳のきほん」で話したことを文章にしたものです。

ディレクターを務めてくれた伊藤総研さんとスタッフのみなさんに感謝いたします。

10の質問

1　それはほんとうに、
今より少しでも良い解決方法でしょうか?

2　それはほんとうに、
「困った」「もっとこうしたい」の新しい答えでしょうか?

3　それはほんとうに、お金を払ってでも、
知りたい、得なことでしょうか?

4　それはほんとうに、
貴重な時間を費やしても、必要なことでしょうか?

5　それはほんとうに、とてもかんたんで、
わかりやすく、今すぐにできることでしょうか?

6
それはほんとうに、よく知っている、
親しみのある、身近なものでしょうか?

7
それはほんとうに、
最も愛する人へ向けたものでしょうか?

8
それはほんとうに、世代を超えて、
たくさんの人と、分かち合えるものでしょうか?

9
それはほんとうに、面白くて、楽しくて、
新しいことでしょうか?

10
それはほんとうに、
人を幸せにすることでしょうか?

著者紹介

松浦弥太郎（まつうらやたろう）

１９６５年、東京生まれ。「くらしのきほん」主宰。
エッセイスト、ＣＯＷ ＢＯＯＫＳ代表。
２００６年から『暮しの手帖』編集長を９年間務め、
２０１５年４月から移籍したクックパッド株式会社を経て、
２０１７年より株式会社おいしい健康の取締役就任。
「正直、親切、笑顔、今日もていねいに」を信条とし、
暮らしや仕事における、楽しさや豊かさ、
学びについての執筆や活動を続ける。著書に
『しごとのきほん　くらしのきほん１００』（マガジンハウス）、
『「自分らしさ」はいらない』（講談社）、
『ひとりでいること　みんなとすること』
『泣きたくなったあなたへ』
（以上、ＰＨＰエディターズ・グループ）など多数。

おとなのきほん　自分の殻を破る方法

２０１７年９月４日　第１版第１刷発行

著者　松浦弥太郎
発行者　清水卓智
発行所　株式会社ＰＨＰエディターズ・グループ
〒１３５-００６１　江東区豊洲５-６-52
電話　０３-６２０４-２９３１　http://www.peg.co.jp/

発売元　株式会社ＰＨＰ研究所
東京本部　〒１３５-８１３７　江東区豊洲５-６-52
普及一部　電話　０３-３５２０-９６３０
京都本部　〒６０１-８４１１　京都市南区西九条北ノ内町11
PHP INTERFACE　http://www.php.co.jp/

印刷所
製本所　凸版印刷株式会社

 ISBN978-4-569-83665-2